吉備の国から

歴史探索の旅

高見 茂

吉備人出版

はしがき

私が古代史にかかわり始めたのは、奈良県明日香村の「高松塚古墳彩色壁画」の発見に刺激されたのがきっかけで、それ以来、探索の旅は三十年に及ぶ。その関心と行動の対象範囲は、地元の吉備、そして奈良・京都・播磨・摂津・河内・近江・紀伊・伊勢・筑紫・肥前・薩摩・安芸・石見・出雲・因幡、さらに韓国・中国へと広がっている。

この『吉備の国から~歴史探索の旅~』は、私がふるさとの真備町に帰ってきて三年後の平成十一年から平成十六年までの六年間に書き綴った、既発表の七編と未発表の二編の合わせて九編の歴史に関する文章を一冊にまとめたものである。既発表の七編のうち五編は、高梁川流域連盟の機関誌「高梁川」に掲載したものである。

第一部の「古代吉備の探索」は、様々な角度から古代吉備の実像に迫ろうとした試みである。古代の吉備の実像とは何か、古代吉備が現代のわれわれに語りかけようとしているものは何か、そんな問題意識を常に念頭に置きながら吉備の興亡の歴史にアプローチしたものである。

第二部の「中国への探訪」は、古代の先進地である中国から日本は何を学んできたのか、中国と日本はどのような長い交流の歴史を持っているのか、中国への旅を通して、このような問題意識をもちながら現代の日中交流のあり方を考えてみようとしたものである。

この本は、私が今生きているふるさと吉備に対する限りない愛着心や執着心が、私をして吉備に対する探索に駆り立て、中国を含む現地に度々赴かせ、その都度、その感動をもとに書き綴ってきた歴史探索の文集である。私にとっては、人生の一つの節目の意味を持つ著作である。

この本がふるさと吉備を考える一助にでもなれば幸いである。

平成十七年八月吉日

著者

吉備の国から　目次

カバーデザイン・稲岡健吾

第一部　古代吉備の探索

吉備津彦命のなぞ

備中国一宮で吉備の総鎮守である吉備津神社の主祭神は吉備津彦命《きびつひこのみこと》である。吉備を代表する神であり、吉備のシンボルのような神でもある。そしてその吉備津彦命は『古事記』『日本書紀』では孝霊天皇の皇子で吉備を平定した将軍とされている。これは本当にそうなのか。この稿では、このような吉備津彦命の系譜に疑問を抱きながら、その実像に迫って見ようという試みである。

一

まず『古事記』には吉備津彦命のことが次のように述べられている。

第七代の孝霊天皇は、意富夜麻登玖邇阿礼比売命《おほやまとくにあれひめのみこと》と結婚して夜麻登登母母曽毘売命《やまとととももそびめのみこと》・日子《ひこ》刺肩別命《さしかたわけのみこと》・比古伊佐勢理毘古命《ひこいさせりひこのみこと》、またの名は大吉備津日子命《おほきびつひこのみこと》・倭飛羽矢若屋比売命《やまとはやわかやひめのみこと》の、二男二女を生み、次いで縄伊呂杼命《はへいろどのみこと》と結婚して日子寤間命《ひこさめまのみこと》・若日子建吉備津日子命《わかひこたけきびつひこのみこと》の、二男を生んだ。

さらに「大吉備津日子命と若日子建吉備津日子命は、二柱相副《あひたぐ》ひて針間《はりま》の氷河《ひかわ》の前に、忌《いはひ》瓮《べ》を居《す》えて、針間を道の口として、吉備国を言向《ことむ》け和《やは》したまひき」と述べている。そして「大吉備津日子命は吉備上道臣《かみつみちのおみ》の祖、若日子建吉備津日子命は吉備下道臣《しもつみちのおみ》と笠臣《かさのおみ》の祖である」と付記している。

つまり大吉備津彦命と若彦建吉備津彦命は、ともに孝霊天皇の皇子で異母兄弟である。二人は相協力して播磨から吉備へ通ずる道の入り口に軍を進め、氷河（加古川）のほとりで戦勝祈願を行ったうえ吉備国を平定した、というのだ。

これが『日本書紀』では次のようになっている。

孝霊天皇の二年、天皇の妃の倭国香媛命《やまとのくにかひめのみこと》は、倭迹迹日百襲姫命《やまとととひももそひめのみこと》・彦五十狭芹彦命《ひこいさせりひこのみこと》・倭迹迹《やまととと》稚屋姫命《わかやひめのみこと》をお生みになった。またの妃の絙某弟《へいどろ》は彦狭島命《ひこさしまのみこと》・稚武彦命《わかたけひこのみこと》をお生みになった。稚武彦命は吉備臣《きびのおみ》の先祖である。

第十代の崇神《すじん》天皇は、十年九月、大彦命《おほひこのみこと》を北陸に、武渟河別を東海に、吉備津彦を西海に、丹波道主命を丹波に、それぞれ遣わすと命じた。詔りして「もし教えに従わない者があれば兵をもって討て」といわれた。それぞれ印綬を授かって将軍となった。

武埴安彦《たけはにやすひこ》と妻の吾田媛《あたひめ》が謀反を起こし、武埴安彦は山背《やましろ》より、吾田媛は大坂からともに都を襲おうとした。そのとき天皇は五十狭芹彦命を遣わして討たせた。命は大坂で迎えて大いに破った。吾田媛を殺してその軍率をことごとく斬った。

つまり『日本書紀』の孝霊天皇の条では、天皇の皇子として彦五十狭芹彦命が生まれたと述べ、崇神天皇の条では北陸道・東海道・山陽道・山陰道に派遣される四道将軍の一人として吉備津彦が山陽道を平定する将軍になったことが記録されている。その後、第八代の孝元天皇の皇子の武埴安彦とその妻の吾田媛が反乱を起こしたため、五十狭芹彦命が乱の平定のため派遣されたことが述べられ、四道将軍は乱の平定後の十一月にそれぞれ出発、十二月帰京し地方の敵を平らげたことを天皇に報告した、と書かれているのである。

崇神天皇の六十年の条には、出雲の神宝を天皇に献上しようとした飯入根《いひいりね》に対して兄の出雲振根《いずもふるね》は弟を殺して天皇への神宝の献上を拒否した。そこで天皇は吉備津彦と武渟河別とを遣わして出雲振根を殺させた、と記録している。

以上が『日本書紀』の記事のあらましである。

それにしても『古事記』では、吉備津彦命が孝霊天皇の皇子として生まれ『日本書紀』では、崇神天皇時代に四道将軍の一人として吉備の平定に当たったことになる。孝霊天皇の後、孝元天皇の治世は五十七年、次の開化天皇の治世は六十年、この間合計して百十七年、仮に吉備津彦命が孝霊天皇の崩御の年に生まれたとしても、四道将軍派遣の崇神十年には百二十七歳になっている筈だ。本来『古事記』『日本書紀』とはそんな曖昧さと矛盾に満ちた歴史書であって、そこに書かれている事柄をすべて史実とすることはできない。とくに第二十二代の雄略《ゆうりゃく》天皇時代までの記述は、神話の時代、伝承の時代の物語としての性格が強く、記述のなかには『古事記』『日本書紀』が編纂される過程で史実が書き替えられたり故意に創作されたりした部分もある。しかし仮にそうだとしても、それが語られる時代の歴史を何らかの形で反映していることも事実である。

そこで吉備津彦命の謎。

その一つの疑問は、『古事記』のなかで「五十狭芹彦命、またの名を吉備津彦命」と二つの違った名前で紹介していることだ。なぜこのような二つの名前を持つのか。孝霊天皇の皇子・吉備津彦命で十分ではないか。孝霊天皇の皇子・五十狭芹彦命でもよいのではないか。何故このような表現になったのか。これが第一に直面した疑問である。

第二の疑問は、吉備を平定するのに何故に吉備津彦命なのか。吉備津彦命はもともと吉備と何らかの繋がりがあったのかどうか。大和の将軍が何故別名として吉備を名乗るのか。不思議である。

第三の疑問は、吉備平定の詳しい過程や戦争については何も書かれていない。吉備津彦命が平定しようとした吉備の相手が誰なのか、吉備の王者は誰なのか、まったく名前が出て来ない。これも不思議な話である。

第四の疑問。『古事記』のなかでは吉備津彦命は上道臣の祖とだけ書かれているが、『日本書紀』では記録が無く、異母弟の稚武彦命が「吉備臣」の祖と書かれている。稚武彦命の子が御鉏友耳建日子命《みすきともみみたけひこのみこと》で、さらにその子が吉備武彦命《きびたけひこみこと》。吉備武彦命は日本武尊《やまとたけるのみこと》の東征に従って副将軍として活躍した、という記録がある。それにひきかえ吉備津彦命には、吉備での業績の記録やその子孫の活躍の記録がまったくない。これも不思議な現象である。

第五の疑問。これが最大の謎であるが、そんな吉備津彦命がどうして備中国一宮で吉備の総鎮守の吉備津神社に主神として祀られ、吉備地方の人々から篤い信仰を受けているのか。吉備を征服した大和の将軍を吉備の人々は何故信仰しつづけているのだろうか。そんなことがあり得るのか。大きな疑問である。

二

まず第一と第二の疑問については、これまで多くの研究者が答えている。そのほとんどは次のような説である。

五十狭芹彦命は、孝霊天皇の本来の皇子で吉備平定の命を受けて派遣された将軍で、吉備を平定した後、吉備に居座った。その時、名前を吉備津彦命に改め、以後、吉備津彦命と称して吉備の開発に努めた。そして吉備津神社に神として祀られた、というのである。確かに第一と第二の疑問に対する答えとしては一応納得できる。しかし、吉備津彦命が大和に帰還し天皇に吉備平定を報告している点についての説明がない。しかも、ここでは第三の疑問にはまったく答えていない。吉備津彦命が平定した吉備の首長(王者)が誰なのか依然不明である。吉備を平定した経緯や戦争の様子は明らかにされていないのである。

吉備は、古来、温暖な気候に恵まれた稲作の先進地で、とくに吉井川・旭川・高梁川の三大河川の下流域は日本の代表的な米作地帯だった。中国山地は風化した花崗岩地帯で出雲と並ぶ砂鉄の大産地だった。瀬戸内海の沿岸地帯は日照時間に恵まれて製塩業が盛んだった。さらに瀬戸内海は海上交通のメインルートとして進んだ大陸文化が流入する主要なルートであった。その瀬戸内海の中心に位置する吉備は、人と物と情報が交流する文明の十字路だった。

このような豊かな吉備地方では、「津島遺跡」（岡山市）や「百間川遺跡」（岡山市）に見られるような進んだ弥生遺跡が濃密に分布している。

岡山大学名誉教授の近藤義郎氏によると、これらのうち弥生時代中期から後期にかけて形成された五十七か所の遺跡から、祭祀用の道具として使われたと思われる吉備特有の大型で華麗な特殊器台型土器と特殊壺型土器が発見されている。

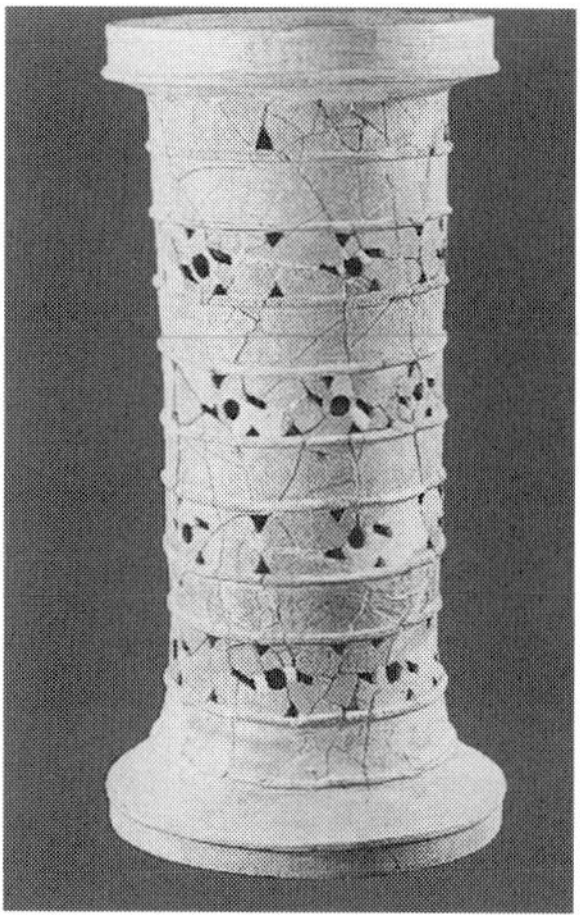
特殊器台型土器

この五十七か所のうち二十か所の遺跡が二世紀後半から三世紀前半の弥生時代後期中葉に備中地域で築造された弥生墳丘墓といわれるものである。

例えば立坂《たてざか》弥生墳丘墓（総社市新本）・黒宮大塚弥生墳丘墓（倉敷市真備町）・楯築《たてつき》弥生墳丘墓（倉敷市矢部）・鯉喰《こいくい》神社弥生墳丘墓（倉敷市矢部）・伊与部山弥生墳丘墓（総社市下原）・鋳物師谷《いぶしだに》二

黒宮大塚弥生墳丘墓

楯築弥生墳丘墓

号弥生墳丘墓（総社市清音）などが代表的。その墳型は方型または前方後方型が多く、いずれも大和に先がけて築造された。このなかで最大の規模を誇るのが墳丘長八十メートルの弥生墳丘墓の「楯築《たてつき》遺跡」である。吉備の中心部に築かれた前方中円後方型のようなこの大型の弥生墳丘墓は、大和に先がけて築造され、共通の祭祀文化をもつ広域の吉備世界を統括する王者が出現していたことを物語る。これが古代吉備国の原点である。

そして三世紀後半の古墳時代初期になると、吉備の備前地域には、岡山市津島本町の都月《とつき》坂《ざか》一号墳（全長三十三メートル）・岡山市津島笹ケ瀬の七つ圦《ぐろ》一号墳（全長四十五メートル）・岡山市四御神《しのごぜ》・湯迫《ゆば》の備前車塚古墳（全長四十八メートル）などの「前方後方墳」が相次いで造られた。

　こうしたなかで、これらの古墳よりさらに古式の弥生時代末の「前方後円墳」が備中地域で突如出現する。総社市三輪で山の尾根に築かれた宮山古墳墓群の宮山古墳（全長三十八メートル）が築かれ、また備前との境の岡山市花尻では矢藤治山古墳（全長三十六メートル）が築造されていた。古墳でありながら埴輪ではなく、ともに宮山型或いは矢藤治型といわれる特殊器台と特殊壺を伴っていた。

宮山古墳

　近藤義郎氏は、吉備に特有な特殊器台と特殊壺は、その文様によって立坂弥生墳丘墓で発見された古式の立坂型から、これより新しい向木見型へ、さらに新しい宮山古墳出土の宮山型へ、またこれとほぼ同時期の矢藤治山型へと変化する。このような特殊器台と特殊壺が古墳時代の到来とともに都月坂一号墳から発見されたような古式の円筒埴輪へと転化していく、と説く。
　ここで特に注目されるのは、このうち宮山型の特殊器台と特殊壺が、これまで日本で最古の古墳とされていた奈良県桜井市の「箸墓《はしはか》古墳」（全長二百七十八メートル）や奈良県天理市の「西殿塚古墳《にしとのつか》」（全長二百十九メートル）から出土していることだ。

このことは、総社市三輪の宮山古墳は、小型の古墳でありながら弥生墳丘墓から古墳への移行、前方後円墳の成立を考える上で極めて重要な古墳であること。さらに言えば、前方後円墳はまず大和で誕生したのではなく、吉備で誕生したと考えられること。大和の巨大な前方後円墳は吉備の勢力が主導して築造したと考えられること。以上のことが推定できるのである。

当然のことながら、古墳時代の先進地である吉備には、吉備国を代表するような首長（王者）がいたはずだが、『古事記』や『日本書紀』にはその首長については何らの記録もない。戦闘の様子も書かれていない。

出雲国の平定に対しては、まず高天原《たかまがはら》から降り立った建御雷之男命《たけみかずちのみこと》が大国主命《おおくにぬしのみこと》と談判に及んだ。しかし大国主命の子の建御名方命《たけみなかたのみこと》は、徹底抗戦の構えで建御雷之男命と激しく戦ったが、結局、敗れて信濃の諏訪に逃れた。大国主命が葦原中つ国の国譲り（施政権の献上）をしたことで一応の決着をみている。筑紫国の平定については、筑紫君磐井《つくしのきみいわい》の頑強な抵抗にあって容易ではなかったが、激しい戦闘のすえ、結局、磐井が敗れ斬首されて戦は終わった。それぞれ時代は異なるが、吉備にこのような戦闘の記録が無いのは不思議である。しかもこれに対する学者の明快な答えは未だない。ましてや第四、第五の疑問に対する答えはない。

三

そこでそろそろ私の考えを述べなければならない。

私の論理は次の通りである。五十狭芹彦命と吉備津彦命は、一人の神が二人の神の名前を持っているのではなく、もともと別々の神である、という前提に立つ。つまり別人なのである。五十狭芹彦命は征服者、吉備津彦命は被征服者、と考えるのである。だから武埴安彦を攻めたのは記録通り五十狭芹彦命であり、四道将軍の一人として吉備を平定したのは吉備津彦命ではなく、五十狭芹彦命である。さらに出雲振根を征伐したのも五十狭芹彦命である。

では、吉備津彦命とは何者か——。

吉備津とは、本来、吉備の港の意味。彦は男の美称、命は神様。吉備津彦命とは吉備の港の雄々しい益荒男《ますらお》（大夫）の神様ということになる。

古代においては今の吉備津神社付近まで海が迫っていた。吉備の中山は瀬戸内海に浮かぶ島か半島であった。吉備のほぼ中心地として栄えていた吉備の港は、吉備国の要の地であった。米・鉄・塩・海の四大資源を持った豊穣の吉備国は独自の文化を築いていた。吉備が最も光り輝いていた吉備国の、その黎明期に吉備の人々の篤い信頼と信仰を受けて仰ぎ見られていた吉備在地の英雄神、吉備の港の益荒男神は、その名を「吉備津彦命」といった。

これに対して三世紀の末になると、大陸の覇権主義の影響を受けた「神武東征」の天孫族勢力が、大陸の騎馬という機動力と豊富な鉄器による強力な武器を持って、九州から東征して吉備の高島に入った。その吉備の高島がどこなのか明確ではないが、『古事記』によるとそこに八年間在住したといわれている。その間、天孫族の軍事勢力は吉備の中心勢力、とくに宮山古墳などを築造した勢力の協力を得ながら「前方後円墳」という古墳形態や「特殊器台型土器」による祭祀文化を採り入れて王権を強化、やがて大和を征服してその地域を支配した。

そして、大和の地では、三世紀から四世紀初めにかけて、突如、吉備特有の宮山型の特殊器台と特殊壺を伴う「箸墓古墳」や「西殿塚古墳」のような全長二百メートルを越える巨大な前方後円墳を築造、大和王国の覇権を確立した。

その大和王国はその勢いに乗ってやがて協力者の吉備国に対して五十狭芹彦命の侵略軍を差し向けてきた。「恩を仇で返す」卑劣なやり方だ。

これに対して吉備津彦命に率いられた吉備国は、激しい怒りに燃えながら国を挙げて頑強に抵抗したが、無惨にも敗れてしまった。吉備津彦命は五十狭芹彦命に対して「ただ今より和平の証として自分の吉備津彦命の名前を差し上げます」といって壮烈な死を遂げ、ようやく和平が成立した。以来、五十狭芹彦命は吉備津彦命と名乗るようになった。

敗者が勝者に名前を献上する例は、日本武尊の伝承のなかに記録されている。『日本書紀』の景行天皇二十七年の条で、日本武尊がまだ小碓命《おうすのみこと》、或いは日本童男《やまとおぐな》といわれた頃、九州熊《くま》襲《そ》国の川上タケルをだまし討ちにして刺し殺した時、刺されたタケルは服属の証《あかし》として自分の「タケル」の名を小碓命に奉った。それ以来、小碓命は日本武尊《やまとたけるのみこと》と名乗るようになった、と記されている。古代には自分の名前を征服者に捧げることが服属の証であるとする慣わしがあったようだ。

ともあれ、吉備の人々は、大和の侵略軍に対して頑強に抵抗した吉備津彦命を英雄神として讃えた。だが、大和王国側にとってはそれは面白くない。だから大和王国は、吉備津彦命を大和に抵抗した恐るべき「鬼」としての烙印を押し、吉備の始祖としての業績や栄誉などを歴史から抹殺しようとしたのである。

大和王国は、もともと吉備で発生した前方後円墳の形を今度は逆に吉備の首長たちに強制して吉備を支配することになった。

そして吉備津彦命を吉備の始祖の地位から排除した。その代わりに異母弟の稚武彦命

（『記』では若日子建吉備津日子命）を始祖の地位に据えたのであった。稚武彦命は天皇の皇子ではなく、その子の御鉏友耳建日子命、さらにその子の吉備武彦命と同様に、吉備在地勢力のなかの穏健派ではなかったか。吉備津彦命のような徹底抗戦派ではなく、途中から五十狭芹彦命の吉備平定に協力したと考えられる。この系統が「吉備臣」として次の世代の吉備の代表となり大和王国とは協調的な関係をつづけていく。吉備武彦命は、日本武尊が東《あずま》の国々を平定するなかで副将軍として活躍。さらに『日本書紀』応神天皇の条に登場する五世紀代の吉備在地勢力の御友別《みともわけ》は、大和王国に協力したために吉備の支配権が認められ、その一族は吉備国内のそれぞれの地域支配の「縣《あがた》」に封じられた。

以上は、私が前もって提示した五つの疑問に対する答えであるが、これはあくまで吉備津彦命の謎についての私の推論であり、仮説である。

四

畿内の大和と河内を中心にした広い領域に大王権を確立した大和王権に、吉備国が服属していく歴史は、四つの段階に分けて考えることができる。吉備津彦命の壮烈な戦死がその第一の段階とすれば、五世紀末の雄略天皇の時代の「吉備の反乱伝承」が第二の段階にあたる。

吉備津彦命が戦死して以後、吉備国は大和の大王権とは協調的な関係を維持しながら発展をつづけ、豊かな経済力を背景に五世紀代には全国四番目の規模を誇る岡山市の「造山《つくりやま》古墳」(全長三百五十メートル)・全国九番目の総社市の作山《つくりやま》古墳(全長二百八十メートル)・見事な周濠をめぐらせた赤磐市の両宮山《りょうぐうざん》古墳(全長百九十二メートル)のような巨大な前方後円墳を築造した。このうち両宮山古墳は平成十七年までの調査で、二重の濠をめぐらせた総長三百四十六メートルの規模をもち畿内の大王墓

吉備最大の造山古墳

両宮山古墳

に迫る古墳であることが明らかになった。これらの古墳から吉備王国は後の備前・備中・備後・美作に及ぶ広大な版図をもち畿内の大王権に匹敵する政治勢力を築いていたことがわかる。

こうした吉備王国の強大化に脅威を感じた大和王権は、やがて吉備王国攻略への機会を狙っていた。

大和王権の雄略天皇は、中国の文献に登場する「倭《わ》の五王」の最後の「武《ぶ》」に相当するといわれ、その倭王武が中国南朝の宋に送った上表文には「東は毛人を征すること五十五国、西は衆夷を服すること六十六国、渡りて海北を平らぐること九十五国」と書かれていた。

埼玉県の稲荷山《いなりやま》古墳出土の鉄剣銘と熊本県の江田船山《えたふなやま》古墳出土の太刀銘が、ともに「ワカタケル大王」と読めて雄略天皇とする説が有力だが、この時代すでに雄略天皇の支配力は関東地方から九州にまで及んでいたことがわかる。

その雄略天皇時代の吉備の反乱伝承は『日本書紀』によると、吉備下道臣前津屋《しもつみちのおみさきつや》が天皇殺害の呪詛を行ったと密告された反乱事件、吉備上道臣田狭《かみつみちのおみたさ》が妻の稚媛《わかひめ》を天皇に奪われたことが原因で朝鮮半島の新羅に入ろうとした反乱事件、雄略天皇と稚媛との間に生まれた星川《ほしかわ》皇子が皇位の継承をめぐってクーデターを起こそうとした反乱事件の、三つの事件で構成されている。

大和王権は、五世紀の末、吉備王国に対して様々な謀略と挑撥を仕掛けてきた。吉備の側はそれにまんまと乗せられて右の三事件のような反乱の動きを見せた。この機をとらえた大和王権は反乱鎮定の名目で軍兵を差し向け、吉備王国を代表する下道臣と上道臣の首長を相次いで打倒し、吉備系皇子も焼き殺した。

箭田大塚古墳

吉備の上道臣・下道臣は、大和の葛城《かつらぎ》臣・平群《へぐり》臣・蘇我《そが》臣などと並ぶ最高の格式の「臣《おみ》」の姓《かばね》を持つ名族だったが、これらの事件を機に大きな打撃を受け、吉備王国は確実に大和王権の支配下に組み込まれた。吉備の経済力の源泉となった豊富な砂鉄資源も大和に奪われてしまった。

次いで第三段階。時は六世紀中葉、欽明天皇の時代の大和王権は、大きな対抗勢力や反対勢力がなくなると、地方豪族の古墳の築造に規制を加えるとともに、国造《くにのみやつこ》制・部民《べのたみ》制・屯倉《みやけ》制などを実施、大和王権による支配を一層強めていく。

国造制は「縣主《あがたぬし》」などの地方豪族を国造に任命、強力な警察権を与えて民に対する間接支配を狙った。吉備では大伯《おおく》国造・上道《かみつみち》国造・三野《みの》国造・加夜《かや》国造・下道《しもつみち》国造・波久岐《はくぎ》国造・

吉備中県《なかあがた》国造・吉備穴《あな》国造・吉備品治《ほむち》国造の九つの国造が設けられた。頭に吉備のつく国造は備後地方の国造である。

このうちの加夜・下道・上道の有力国造の墳墓が、こうもり塚古墳（総社市）・箭田《やた》大塚古墳（倉敷市真備町）・牟佐《むさ》大塚古墳（岡山市）などの巨大横穴式古墳である。大和王権による厳しい締め付けのなかでも吉備王国は半独立国状態のまま依然としてかなりの勢力を保持していたと考えられる。

部民制は、皇族や有力豪族が地域の民を組織した地域集団或いは職業集団で、部民はその地域の生産物や貢納品などを上納した。吉備には多様な部民が多数配置されたが、このうち天皇に直結する名代《なしろ》、子代としては白髪部、額田部《ぬかたべ》など、軍事にかかわる部民としては久米部・佐伯部・建部《たけるべ》など。行政にかかわるものは財部・刑部《おさかべ》・品治部《ほむちべ》など。生産にかかわるものは海部《あまべ》・鳥取部《ととりべ》・服部《はとりべ》・錦織部《にしこおりべ》・弓削部《ゆげべ》・鞍作部《くらつくりべ》・土師部《はじべ》・須恵部《すえべ》・山守部《やまもりべ》・伊福部《いふくべ》などがある。

屯倉（官家）制は、開明的で強大な古代豪族蘇我氏の主導のもと、全国のなかで最も重要な拠点に設けられた大和王権の直轄地で、吉備には白猪《しらい》屯倉（真庭市久世）と児島《こじま》屯倉（岡山市）の二か所が、全国的に注目される屯倉として設けられた。美作地方の白猪屯倉は吉備の豊富な鉄資源を確保し、あわせて出雲への押さえを狙ったもの。児島屯倉は漁業資源と塩業の確保に加え、瀬戸内海の航海権・制海権を吉備から奪い取るものであった。こうして吉備の中枢部にクサビを打ち込み、後の律令制《りつりょうせい》の実験場ともいえる新しいシステムの運営を始めたのである。

そして最終の第四段階。飛鳥時代の七世紀中葉、大和王権は最有力豪族の蘇我《そが》氏を滅亡に追い込む「大化改新《たいかのかいしん》」のクーデターを断行、強力な政治権力と祭祀権力をあわせ持った天皇権の一層の集中強化を図った。そして七世紀後半に朝鮮半島で繰り広げられた海戦「白村江《はくすきのえ》」敗戦後の天智《てんじ》天皇の時代、続く古代最大の内乱「壬申《じんしん》の乱」の勝利者の天武《てんむ》天皇の時代には、強力な軍事独裁の天皇権を背景に、中国の都城制に倣って都を明日香京から藤原京へ、さらに平城京へと遷都するとともに、これまでの有力豪族に代わって官僚的中央集権的な統一国家をめざす本格的な律令《りつりょう》制度を実施することになった。

このような大変革を通じて大和王権は、弱体化した吉備王国を完全に潰滅させ、代わりに九州の筑紫とともに広域的な地域を監察する中央官人の「吉備大宰《だざい》」を設け、初代の吉備大宰の長官として石川王《いしかわのおおきみ》を派遣してきた。そして吉備王国を備前・備中・備後の三つの国に分割、さらに備前から北部の美作を分離した。この時、吉備の聖なる神奈備山《かんなびやま》の吉備中山《きびのなかやま》は、ほぼその中間点で備前と備中の二つの国に分断されることになった。吉備に対する大和王権の巧妙な分断策が執られたのだ。

そして大和の大王権はそれぞれの国に中央から国司を派遣、これまでの国造の領域を評《こおり》（後の郡）として設定、その下に里《り》（後の郷・村）を置き、さらに全国的に戸籍を作成して末端の民に対する直接支配を貫徹しようとしたのである。

この段階で『古事記』と『日本書紀』が編纂され、吉備津彦命は意図的に大和朝廷の子孫という系譜に組み込まれた。これは先に述べたように「神武東征」の天孫族勢力が吉備勢力の協力を得て吉備の古墳形態や祭祀文化を採り入れ、同族意識を持ちながら大和に強力な王権を確立した歴史の反映である。

その王権の五十狭芹彦命将軍が自分たちの王権確立の協力者である吉備国を攻略、恩を仇で返した卑劣な事実を隠蔽するものだった。吉備津彦命から名前を奉られたことを幸いに、侵略者と被侵略者を同一の神格とする系譜を作成して歴史を改ざんしたのだった。それは吉備に対する大和朝廷の懐柔策でもあった。

吉備真備像

日本の古代国家のなかで一地方に過ぎなくなった吉備地方にとっては、極めて厳しい時代を迎えることになった。かつてのような栄光とその誇りが失われていた。統一国家日本の意識が強調されるなかで吉備津彦命は次第に人々から忘れ去られて行く存在となった。

そんな奈良時代の末期、吉備地方から二人の傑出した人物が登場した。吉備真備《きびのまきび》と和気清麻呂《わけのきよまろ》である。吉備真備は中国の唐へ二度も渡って様々な学問を将来し、最後は右大臣にまで昇って当時最高の学者文化人といわれた。和気清麻呂は宇佐八幡神託事件で弓削道鏡《ゆげのどうきょう》を排斥して皇統を譲ったことで知られ、後に平安京への遷都計画を推進した功労者である。

五

やがて都が京都に遷って平安時代の中期になると、古代律令制の矛盾が拡大し、公地公民制の建て前が崩れて私有地が増え、瀬戸内海では海賊が横行するようになった。

これに伴い吉備津彦命があらためてクローズアップされることになった。

承和五年（八三八）時の朝廷は山陽・南海の二道の国司に対して、海賊を徹底的に取り締まるよう指令した。しかし、海賊たちの略奪行為は一向にやまず、貞観《じょうがん》四年（八六二）には備前国が中央に納める米八十斗を船で輸送する途中海賊に襲われた。そして農民十一人が殺

吉備津神社

され、米は全部略奪されるという事件が起こった。

こうした海賊の横行に手を焼いた朝廷は、瀬戸内海の中枢部に位置する吉備を何とか懐柔し吉備の協力を得る必要があるとして吉備の人々の精神的シンボルである吉備津彦命に注目した。

承和十四年（八四七）には吉備津神社が無位から従四位下へと位階が上がり、翌年にはさらに従四位上へ、仁寿二年（八五二）には皇族に与えられる四品《しほん》を授けられ官幣社となった。その後も神階は上がりつづけ、天安元年（八五七）には三品、その翌々年には二品になった。

瀬戸内海の伊予の日振島《ひぶりじま》に拠る藤原純友《ふじわらのすみとも》の行動は、単なる略奪の範囲を越えて大がかりな反乱に発展した。そこで朝廷はさらに吉備の協力を求めるため天慶三年（九四〇）遂に吉備津神社に最高の一品《いっぽん》の神階を与えた。

吉備津彦命の神階上昇にはもう一つの要因がある。平安時代には政治的な争いなどで非業《ひごう》の死を遂げた人が死後に「怨霊《おんりょう》の神」となって死をもたらした人々に祟る、恐ろしい御霊信《ごりょうしん》仰《こう》が都を中心に全国的に流行り始めていた。

醍醐《だいご》天皇と藤原時平《ふじわらのときひら》の謀略にかかって大宰府に追放された右大臣の菅原道真《すがわらのみちざね》は、延喜三年（九〇三）悶々のうちに大宰府で亡くなった。そして死後「祟神《たたりがみ》」となって暴れまわった。道真の追放に力をかした天皇や藤原氏らは道真の怨霊に苦しめられ、やがて次々に死に追いやられた。このような怨霊に恐怖した朝廷は、怨霊を取り鎮めるために盛大な鎮魂の神祭りを行った。これが京都の北野天満宮であり、九州の大宰府天満宮である。全国で一万社を数える天神社である。

平安時代末期の後白河法皇《ごしらかわほうおう》が当時の流行歌を集めた『梁塵秘抄《りょうじんひしょう》』のなかに、「一品聖霊《いっぽんしょうりょう》吉備津宮、新宮・本宮・内の宮、隼人崎《はやとざき》、北や南の神客人《かみまろうど》、艮《うしとら》みさきは恐ろしや」という今様歌の歌詞がある。

吉備津神社は大和に対する深い恨みを抱いた恐ろしい怨霊の神を祀っているというのだ。

室町時代に足利義満《あしかがよしみつ》によって再建された岡山市吉備津の吉備津神社は、吉備を代表する名神大社。美しい松並木の参道突き当たりの、吉備中山の麓にある社殿は、比翼入母屋造《ひよくいりもやづくり》というほかに例のない優美で豪壮な建築である。天竺《てんじく》（インド）様式の粋を採り入れて造られた拝殿と本殿は、ともに国宝で、出雲大社を凌ぐ大きさ、京都の八坂神社につぐ全国で二番目の規模を持つ。

拝殿の脇からは、長さ三百九十八メートルの回廊が斜面を下って美しい曲線を描く。その

吉備津神社の回廊

回廊を下りきったところから右へ支廊が伸び、その先に「温羅《うら》伝説」で知られるミステリアスな「お釜殿《かまでん》」がある。この「お釜殿」では今も吉凶を占う神秘的な「鳴釜《なるかま》の神事」が行われている。

そのような吉備津神社本殿の正宮には、もちろん吉備津彦命が祀られている。摂社の本宮は回廊の先端の東側にあり孝霊天皇を祀る。同じく摂社の新宮は吉備武彦命を祀るもので、もともと本殿の南八百メートルのところにあったが、今は吉備津彦命の妃の百田弓矢姫命《ももたゆみやひめのみこと》を祀る摂社の内宮とともに本宮に合併され、三人格神を合祀している。隼人崎は不明だが守護神と考えられる。

吉備津神社には南北に二つの随神門があるが、これは吉備津彦命の随神の日藝麿《ひげまろ》・夜目麿《やめまろ》・中田古名命《なかだふるなのみこと》・犬飼建命《いぬかいたけるのみこと》を祀る。これが北や南の神客人《かみまろうど》である。本殿の正宮内部には外陣《げじん》の四隅に艮御崎《うしとらおんざき》・乾御崎《いぬいおんざき》・巽御崎《たつみおんざき》・坤 御崎《ひつじさるおんざき》の四つの小祠が祀られ、さらに中陣の二隅には東箹《とうしゃく》御崎《おんざき》・西箹御崎《せいしゃくおんざき》が祀られ、あわせて六所御崎といわれている。

このうちで注目されるのが東北の隅に祀られている艮御崎である。東北の方角は丑寅、陰《おん》陽道《みょうどう》では「鬼門《きもん》」だ。鬼といえば吉備津彦命のことが思い起こされる。

このことから、吉備津彦命は艮御崎という東北の隅に追いやられた。だから本殿の正宮に祀られているのは「吉備武彦命」とする説、応神紀の「御友別」とする説があるが、やはり正宮の主祭神は吉備津彦命と考えたい。なお、艮御崎については後述するように「温羅」を祀る。

吉備津彦命は大和の将軍による不当な侵略に対して勇敢に戦ったが、無惨にも敗れ深い恨みを抱いて戦死した。自分の名前を将軍に奉ったが、その後、吉備王国は度々大和に侵食されて完全に崩壊、このため吉備津彦命の魂は大和朝廷を呪《のろ》いつづけることになった。朝廷に祟《たた》って禍をもたらす恐ろしい怨霊の神となったのである。

先の『梁塵秘抄』のなかで歌われた一品聖霊吉備津宮の「聖霊《しょうりょう》」は、だから怨霊の神であり吉備津彦命のことである。奈良の御霊《ごりょう》神社・京都の上御霊神社・京都の下御霊神社は、ともに八柱の怨霊の神を祀る。これらの神々のなかには確かに吉備聖霊《きびのしょうりょう》がある。

京都市が作成した解説板では「吉備聖霊は吉備真備である」と説明しているが、右大臣まで務めた吉備真備には、非業《ひごう》の死を遂げて怨霊になる謂われは何もない。これは恐らく吉備津彦命の強烈な怨霊のイメージが強く、後の吉備真備にそのイメージが投影され、吉備真備と誤認されたのではないかと思われる。

ともあれ朝廷は、吉備聖霊としての恐ろしい吉備津彦命の怨霊から逃れる方策として、また吉備に対する政治的な懐柔策として壮大な吉備津神社を建立、位階を上げ続けて鎮魂の証《あかし》としたのだ。以来、吉備津神社は備中国一宮だけではなく山陽道屈指の名神大社で吉備の総鎮守となった。

祭神の吉備津彦命は備前国の吉備津彦《ひこ》神社（岡山市）と備後国の吉備津神社（福山市新市町）へそれぞれ分霊され、備前と備後を代表する一宮として祀られた。さらに吉備系神社としては、艮神社・艮御崎《おんざき》神社、御崎神社・御崎《おんざき》前神社の名で吉備津彦命の怨霊を鎮魂する神社が吉備地方に数多く建てられた。

吉備は四つの国に分割された奈良時代以後、吉備としての誇りを失いかけていたが、平安時代の中期になって吉備の人々の心を支える共通の統一的なシンボルとして再び吉備津彦命に光が当てられた。輝ける吉備津彦命が新たに再生・復活したのだ。吉備津彦命は吉備を征服した大和の侵略者ではなく、吉備のために戦い吉備のために死んでいった吉備在地の悲劇の英雄神だからこそ、吉備の人々はその統一的な祖先神として信仰し続けることになったのである。

六

古代天皇制と律令制度が崩壊、新しく武士が政権を担う鎌倉時代が到来した。そんな変革期の宗教家として臨済宗の栄西《えいさい》と浄土宗の法然《ほうねん》が吉備の先進的文化的な風土のなかから出て活躍した。さらに民衆が新たに歴史の舞台に登場する室町時代になると、そんな民衆たちによって地域の伝説が語り継がれ、さらに江戸時代になって記録されてきた。吉備の「温羅《うら》伝説《でんせつ》」もその一つである。

鬼ノ城

――その昔、異国の鬼神が飛来して吉備の国にやってきた。それは朝鮮半島の百済《くだら》の王子で、名を温羅《うら》といい、吉備冠者《きびかじゃ》（吉備火車）とも呼ばれた。彼は居城を総社平野の北の新山に構えた。温羅の立て籠もった山城を「鬼《き》ノ城」（古代の朝鮮式山城）といった。温羅は火を吹いて山を焼き、岩をうがち、人間や猿を食らい、美しい女を奪ったりする。そのような温羅は人々から大変恐れられていた。そこで大和の将軍

楯築弥生墳丘墓

矢喰宮

五十狭芹彦命《いさせりひこのみこと》が温羅を退治することになる。

吉備の中山に陣を構え「楯《たて》築《つき》神社」（楯築弥生墳丘墓）の地を楯とした五十狭芹彦命が、鬼ノ城に向かって矢を放つと、温羅の放った矢と途中で食い合って落ち、なかなか勝負がつかない。矢が落ちたところに「矢喰宮《やぐいのみや》」がある。

そこで命が二本の矢をつがえて同時に射たところ、一本の矢は途中で食い合ったが、もう一本の矢は温羅の左眼に命中した。温羅は大雷雨で洪水を起こし、その流れに乗って逃げようとした。川の水は温羅の傷から流れ出た血で赤く染まった。この川のことを「血吸川《ちすいがわ》」といい、下流の浜は真っ赤に染まった。この浜を「赤浜」という。ちなみにこの地は後に画聖雪舟が生まれた所と伝えられる。

そこで温羅は「雉《きじ》」となって山中に逃げるが、命《みこと》は「鷹《たか》」となってこれを追う。追いつめられた温羅は今度は「鯉《こい》」に変身して川を下り始めたが、命はすばやく「鵜《う》」になって「鯉」を追い、ようやく温羅を捕まえた。ここには今も「鯉喰《こいくい》神社」（弥生墳丘墓）がある。

絶体絶命、温羅は遂に命に降伏し、自分の「吉備冠者」の名を命に奉った。五十狭芹彦命は、以後、吉備津彦命となった。

戦いに勝利した命は、温羅の首を串に刺してさらし首にした。

ところが不思議なことに、この首はいつまで経っても吠えつづけ、執念を燃やしつづけてやまない。命《みこと》は家来の犬飼建《いぬかいたける》に命じて犬に喰わせたが、ドクロとなっても温羅の首は吠えつづけるのだ。命はお釜殿の地下を八尺ほども掘ってそのなかに埋めたが、十三年間うなりはやまなかった。

或る夜のこと、命の夢のなかに温羅が現れていった。

「阿曽郷《あぞごう》にいるわが妻の阿曽女《あぞめ》に命じてお釜の神饌を炊かしめよ、幸いあれば豊かに鳴り、禍があれば荒々しく鳴ろう」と。

命がその通りにすると温羅の首はやっと吠えるのをやめた――。

この「温羅伝説」と同じように次々に変身していく物語は、朝鮮半島の「高句麗《こうくり》国の建国

鳴釜の神事

神話」のなかで海慕漱《かいぼそう》が河伯《かわはく》と戦う話があり、『三国遺事《さんごくいじ》』のなかの「加羅《から》国記」に新羅《しらぎ》国の脱解《だっかい》と加羅国の首露《しゅろ》との争いが神話として語られている。「温羅伝説」では温羅は朝鮮半島の百済の王子といわれている。そういえば、吉備津神社の神官を長く務めてきた賀陽氏《かやし》も朝鮮半島の加耶《かや》からの渡来人とする説がある。

温羅は大和の側から「鬼」とされたが、朝鮮半島から砂鉄の精錬技術という当時のハイテク技術をもたらして豊かな経済力を蓄積した。吉備にとっては大恩人。しかし温羅は大和の将軍に攻められ、総社市奥坂の鬼ノ城に拠って戦いながらも激しく攻められて戦死し、さらし首にされた。その温羅の魂は、ドクロになっても、地中に埋められても、十三年間吠えつづけた。すさまじいばかりの怨念だ。阿曽女が温羅の神祀りをして魂を鎮めようやくその怨念がおさまった。その温羅が祀られているのは今では吉備津神社の東北の隅（鬼門）の艮御崎とされている。

鬼ノ城の麓にある総社市阿曽は、古くから備中鍬の名で知られる鋳物産地であるが、その鉄生産地の巫女《みこ》が神饌を炊く吉備津神社の「鳴釜の神事」は、後に林羅山《はやしらざん》の『本朝神社考』

や上田秋成《うえだしゅうせい》の『雨月物語《うげつものがたり》』で広く知られるようになった。これは本来、吉凶を占う神事ではなく、大恩人の温羅の怨霊を取り鎮め安らかに眠って下さいと願う吉備の民衆の厳かな鎮魂の神事なのである。

室町時代末期になって吉備の遠い過去の記憶が呼び覚まされ、悲憤のなかで死んで行った温羅の悲劇的な英雄像が、不遇な源義経《みなもとのよしつね》に対する「判官贔屓《ほうがんびいき》」と同様に、吉備の民衆の心のなかに生きつづけ語り継がれてきた。それが過去の栄光を失った渡来人によって屈折した形の伝説として記録されて来たのである。

温羅とは吉備の英雄神・吉備津彦命そのものなのだ。このような「温羅伝説」のなかにこそ、或いは歴史の真実の姿が語られているのではないだろうか――。

江戸時代以来様々な形で各地に伝えられた「桃太郎の昔話」は、明治時代に吉備の「温羅伝説」を下敷きにして勇ましい鬼退治の物語として整えられたといわれている。しかし、明治日本の富国強兵策のシンボルのような勇壮な桃太郎のイメージは、吉備の側から見ると古代吉備の歴史とかけ離れているように思えて何となく馴染まない。温羅、すなわち本来の吉備津彦命が悲憤のうちに死んで行った悲しく厳粛な歴史が忘れられてしまうような気がする。

（平成十五年）

鬼《き》ノ城《じょう》のルーツを探る

～韓国の百済《くだら》興亡史を訪ねる旅から～

一　三国時代の百済《くだら》　武寧王《ぶねいおう》陵を訪ねて

中国大陸で秦《しん》から漢《かん》への王朝交代の社会変動が進むなか、朝鮮半島（韓半島）では、紀元一世紀から四世紀にかけて高句麗《こうくり》・新羅《しらぎ》・百済《くだら》の三国が古代国家を形成した。それぞれが鼎立し堅固な山城に拠って領域を拡大しながら覇権を争っていた。新羅と百済に挟まれた東南方の加耶《かや》諸国（任那《みまな》）は国家統一が遅れ、新羅と百済からの侵食にさらされることとなった。

鴨緑江《おうりょっこう》中流域を中心に現在の中国東北地方（旧満州）南部から朝鮮半島の北部、現在の北朝鮮（朝鮮民主主義人民共和国）にかけて広範囲に勢力を張る高句麗は、紀元一世紀に古代国家を建設、現在の中国吉林省集安県《しゅうあん》を首都として領域を拡大しながら、四世紀には朝鮮半島にあった漢の楽浪郡《らくろうぐん》や帯方郡《たいほうぐん》を攻略吸収した。三国のなかでは最も勢力が強く、五世紀初めの広開土王《こうかいどおう》（好太王《こうたいおう》）と長寿王《ちょうじゅおう》の時代その外延的拡大は頂点に達していた。

広開土王については、王の業績を顕彰するために四一四年に建てられた「広開土王碑」が知られており、碑文のなかにこの時代すでに倭《わ》（日本）が朝鮮半島に進出したともとれる記述があって歴史学上の大問題になった。諸説のなかでは碑文の改ざん説まで唱えられて論争が続いた。

広開土王の子の長寿王の時代には首都を集安から平壌《ピョンヤン》（現在の北朝鮮の首都）へ遷し、高句麗を代表する雄大堅固な大城山城《だいじょうさんじょう》（平壌市郊外）などの山城を築くとともに、南下政策を採って新羅と百済を圧迫した。とくに百済に対しては三万の大軍を送って攻撃し、百済の首都漢城（現在の韓国の首都ソウル近郊）を陥落させ、百済の蓋鹵王《がいろおう》を捕らえて殺害した。

朝鮮半島の日本海側の慶州平野を中心に紀元一世紀後半に国を興した新羅は、次第に周辺地域に勢力を拡大し、王権力の制度を整え、四世紀の奈勿王《なこそおう》の時代には南部の洛東江《らくとうこう》流域まで進出、加耶《かや》諸国を支配下に置いた。法興王と真興王の時代には、律令制《りつりょうせい》の導入、仏教の公認、国史の編纂、花郎制《かろうせい》の整備などを進めた。こうして国力の増強に努め、北漢山城を占領して漢江流域にまで占領地を拡大した。このことは中国の唐との直接交渉を可能にした点で、後に三国を統一するための大きな足場をつくることになった。

百済は、紀元一世紀に朝鮮半島の漢江流域を中心に古代国家を形成し、三世紀中葉には王権力の集中を図った。四世紀後半の近肖古王《きんしょうこおう》の時代には、勢力を大きく拡大して豊かな農業地帯である全羅南道の海岸線にまで達した。北の高句麗に対しては果敢な攻撃を仕掛け、高句麗の故国原王《ここくげんおう》を戦死させるに至った。しかし、その後五世紀後半に入ると高句麗長寿王の攻撃を受けて漢城が陥落、四七五年には首都を漢城から熊津《くまなり》（公州《こうしゅう》）に遷さざるをえなかった。

宋山里古墳群

熊津遷都後、第二十五代の武寧王《ぶねいおう》の時代には対外的に一応の安定期を迎え、豊かな経済のもとで華麗な文化が花開いた。

一九七一年に発見された公州宋山里古墳群《こうしゅうそうざんりこふんぐん》の武寧王陵は、世紀の大発見といわれ、世界を驚かせた。

私たちは、忠清南道公州郡公州邑の武寧王陵を訪れた。三つのこんもりとした封土に覆われた古墳があり、そのうちの一番奥にある直径二十メートルの円墳状の七号墳が武寧王陵だ。しかし三つの古墳とも入り口が塞がれていて中に入ることが出来なかった。ただ、この古墳群より少し下ったところに新しくつくられた複製品の展示室があり、その展示室や解説書などによって武寧王陵の石室構造や豪華な副葬品を知ることができた。

武寧王陵

　武寧王陵の発見はまったく偶然であった。かねてから王陵級の古墳群とみなされていた宋山里古墳群のうちの六号墳は、すでに一九三三年に発掘されていた。塼築式の横穴式石室の古墳であった。この六号墳の保存のため排水工事中に作業員のツルハシが塼の一部をカチンと叩いたことから世紀の大発見となった。一九七一年果たして掘り進めていくうちに塼で閉ざされたアーチ状の入り口が現れ、七号墳の存在が確認された。

　羨道《せんどう》を入ると、石造の「鎮墓獣《ちんぼじゅう》」並びに王と王妃の二枚の「墓誌石《ぼしせき》」などが発見された。この「墓誌石」のうちの一枚は縦三十五・二センチ、横四十一・五センチ、厚さ四センチの大きさで、表面には次のような六行五十二字が刻まれていた。

　　寧東大将軍百済斯

麻王年六十二歳癸
卯年五月丙戌朔七
日壬辰崩到乙巳年八月
癸酉朔十二日甲申安厝
登冠大墓立志如左

この墓誌によって百済の斯麻王《しまおう》（武寧王）が五二三年五月七日に六十二歳で崩じ、五二五年八月十二日に埋葬されたことが確認された。またもう一枚の王妃の墓誌にはその翌年の五二六年十二月に亡くなり五二九年二月十二日に埋葬されたと刻まれていた。合葬墓であった。そして王妃の墓誌の背面は、埋葬にともなう習俗としての武寧王の墓地の「買地券《ばいちけん》」となっていた。むしろこの「買地券」こそが本来の埋葬物で、「買地券」の背面に王妃の墓誌が書き加えられたと考えるべきである。

このような「買地券」は日本でも発見されており、とくに岡山県倉敷市真備町箭田《やた》の山中で江戸時代後期の文政年間に発見された二枚の「買地券」は、二枚とも素焼の土師質のもので、長さ四十二センチ、幅二十二センチ、厚さ二・二センチの大きさである。天平宝字七年（七六三）十月十六日の日付と備中国下道郡八田郷《しもつみちぐんやたごう》の矢田部《やたべ》などの銘文がはっきりと読みと

武寧王陵の墓誌石

れる貴重なものだ。中国の道教思想に基づいて墓の平安を求めるこのような「買地券」の習俗は、朝鮮半島経由で伝えられたものと考えられる。

武寧王陵古墳については、羨道の内部は盗掘を免れていたようで、ほぼ完全な状態で残されていた。羨道に続いて南北に長い玄室があったが、その規模は南北四・二メートル、東西二・七二メートル、高さ二・九三メートル。天井はトンネル型になっており、壁面と床はともに塼を用い、平積みと縦積みを交互に組み合わせて構築してあり、見事な塼築墳となっている。

玄室内の東側に武寧王、西側に王妃がそれぞれ木棺に納められ南枕で安置されていた。さらに王と王妃の「頭枕」と「足座」が発見されているのも珍しく、王妃の「頭枕」には全面に朱漆を塗り切金で亀甲文が描かれ上面に木彫の二羽の鳳凰がつけられていた。

金製冠飾

このほかの副葬品としては金色に輝く華麗な王の「冠飾《かんむりかざり》」・王妃の金製と銀製の「釧《くしろ》（腕輪）」・「金製耳飾《みみかざり》」・それに「金銅製単竜環頭《こんどうせいたんりゅうかんとう》太刀《たち》」などが出土、「国立公州博物館」に展示されている。

これらの豪華な副葬品は、中国南朝の文化の影響を強く受けたものとして注目されている。当時の百済が中国南朝の梁《りょう》と交流し、仏教も梁の仏教を受け入れ、武寧王自身が梁から五一二年に「寧東大将軍」の称号を授与されているからだ。

その武寧王は日本とも特別に関係が深い。『日本書紀』の雄略天皇五年紀には武寧王の誕生説話が記録され、武烈天皇四年紀には王の即位記事が書かれ、さらに継体天皇十七年紀には王の薨去《こうきょ》の記事が載せられていることでも明らかである。後に京都の平安京を開いた桓武《かんむ》天皇の生母の高野新笠《たかののにいがさ》は、武寧王の子孫といわれている。

そんな武寧王であったが、その子の聖明王《せいめいおう》（聖王）の時代には、高句麗からのさらなる圧迫を受けて五三八年には都を熊津《くまなり》（公州）から再び西南方三十三キロの扶余《ふよ》に遷さざるを得なくなった。

その聖明王は日本に仏教を伝えた王として知られている。聖明王は、聖王の三十年、日本の欽明《きんめい》天皇の十三年（五五二）日本に使節を派遣し、金銅製の釈迦像や弥勒像とともに仏教の経典を日本へ伝えた。新しく扶余に都を定めた聖明王が、国を統治するのに役立つと考えられた仏教を贈って日本の政治的な協力を得ようとしたのだった。

この時、日本では、百済から仏教を導入すべきか否かをめぐって意見が対立し、蘇我《そが》・物部《もののべ》戦争が起こったが、仏教の導入に積極的な蘇我氏が勝利して仏教が次第に広がった。日本最初の仏教寺院の飛鳥寺（法興寺）は、百済の鑪盤博士や瓦博士それに建築工人たちの指導のもとに蘇我氏によって建立された。その後、日本の仏教は七世紀初めの聖徳太子《しょうとくたいし》によって深く根を降ろすことになった。

こうしたなかで中国大陸では、六世紀末から七世紀にかけて隋《ずい》が南朝を滅ぼして全国を統一、中央集権的な強大な隋帝国が成立した。その隋の第二代皇帝の煬帝《ようだい》は、朝鮮半島を何とか隋の版図に組み入れたいと、まず高句麗の攻略に乗り出し大軍を差し向けてきた。

東アジアにおける動乱の世紀が始まったのだ。

しかし、隋は再三にわたる攻撃を仕掛けたにもかかわらず、高句麗の頑強な抵抗にあって高句麗を屈服させることはできなかった。隋ではこの相次ぐ軍事政策の失敗で不満分子が反乱にたちあがり、やがて隋はあっけなく滅亡してしまった。次に興った唐は、さらに領土を拡大し西はトルキスタンからチベット、南はベトナムまでも含む広大な大帝国を築いた。そんな唐の第二代皇帝の太宗《たいそう》は名君として知られていたが、その太宗も東方の高句麗に大軍を送って攻略に乗り出した。しかし、高句麗の激しい抵抗にあって高句麗を滅亡させることはできなかった。

このような隋・唐からの度重なる攻略の脅威にさらされた朝鮮半島の三国では、それぞれが対応策を急いだ。

高句麗では六四二年に大臣の泉蓋蘇文《せんがいそぶん》がクーデターを起こして栄留王とその臣下百八十人余を殺害し、代わりに宝蔵王を擁立して臨戦態勢を確立した。

百済では六四一年に先王の武王が崩じたのを機に義慈王《ぎじおう》が反対派を抑えて即位、軍事態勢を確立するとともに、新羅に対して積極的な軍事攻勢を仕掛けた。

新羅では六四七年に起こった内乱を機に金春秋《きんしゅんじゅう》（後の武烈王《ぶれつおう》）と金庾信《きんゆしん》が内乱を平定して主導権を確立、中央集権的な律令制度《りつりょうせいど》を実施するとともに、百済の攻撃から自国を守るため唐に対して軍事支援を要請する外交攻勢を展開した。

日本でも六四五年に中大兄皇子《なかのおおえのみこ》（後の天智天皇《てんじ》）・藤原鎌足《ふじわらのかまたり》らが蘇我氏《そが》を討って「大化改新」のクーデターを断行、中央集権制をめざす孝徳天皇・中大兄皇子らの指導態勢が確立した。

このように東アジアの動乱は連動しながら波及していくのである。

二　新羅の山城　三年山城《さんねんさんじょう》を訪ねて

成周鐸先生

私たちは今回の韓国の旅の大きな目的の一つである古代の山城を訪ねることになった。

めざすのは新羅の「三年山城《さんねんさんじょう》」である。韓国忠南大学校名誉教授の成周鐸《せいしゅうたく》先生の案内でこの山城へ向かった。成周鐸先生は一九七六年この山城を最初に発見した韓国古代山城研究の第一人者である。

私たちの乗ったバスはやがて忠清北道報恩郡《ほうおんぐん》報恩邑《ほうおんむら》に入った。その報恩邑から東へ二キロの鳥頂山《うちょうざん》が山城だ。標高三百二十五メートルで、それほど高い山ではない。

三国時代の歴史書『三国史記』新羅本記によると、「三年山城」は新羅の慈悲王《じひおう》の十三年（四七〇）に築城を始め、三年後に完成したことから「三年山城」と名付けられた、新羅の典型的な山城だ。

新羅は百済と抗争を続けるなかで、新羅の戦略的な要地に戦闘用として築いた山城である。国境の小白山脈を越えるとそこはもう百済で、百済の首都熊津（公州）にも近いことから、百済を抑えるのに好都合な最前線基地としての役割があった、と考えられる。

私たちはその山城に着いて驚嘆した。忽然と眼の前に現れた城壁は、延々と稜線に沿って

修復工事の終わった城壁

修復工事の終わった城壁

めぐらされ蛇行するように山を取り囲む。城壁の幅は下部で十メートル以上、上部でも五メートルから八メートル、城壁の高さは最高で十六メートルもある雄大堅固な山城である。あたかも中国の「万里の長城」を思わせるような光景である。

　成周鐸先生は、崩れかかった狭くて危険な城壁の上をあたかも自分の庭を歩かれるように、足早にどんどん進んで行かれるが、私たちはなかなか先生について行かれない。さすが山城の研究者だな、と感心しているうちに、後ろへ後ろへと取り残され、城壁めぐりを途中で断念する人も多かった。

　城壁の石は板状の割石で横口積と井桁組を併用して積み上げたもので、一部は新しい石で修復工事が施されていたが、城壁の大部分は石積が崩れかかっており、築城当時の姿をそのまま残していた。付近には夏草が生い茂り、古城の面影を留めていた。城内には兵舎跡や倉庫跡などが残されていたということだが、ここも夏草に覆われていてその跡を確かめることはできなかった。

稜線に沿って築かれた城壁の長さは千六百八十メートルで、鬼ノ城の二千八百メートルよりは一回り小さいが、渓谷を採り入れた百済に多い包谷式山城である。これらの膨大な石材は四十キロ離れた山から運ばれたといわれ、当時、城づくりにあたった人たちの労働力がしのばれる。

古来のままの城壁

門の礎石の一部

この「三年山城」の壁には西と東と北の三方向に城門があり、私たちが最初に着いた場所が実は西門だった。そこには木造の門を建てたと思われる礎石が四個残されていて門の規模を想定することが出来た。また西門近くの城壁には水門もあり、ポッカリと大きな口を開けていた。まさに鬼ノ城のルーツを思わせる見事な山城だ。

成周鐸先生の説明によると、韓国にはこのような古代山城が約千三百五十個所あるが、築造年が特定できるのはこの「三年山城」だけだ。その意味でも歴史上貴重な山城で、韓国の史跡に指定されている。

『韓国歴史散歩』によると、この山城は百済との抗争だけではなく、歴史上重要な事件の舞台としても登場した。新羅の武烈王（金春秋）七年（六六〇）唐と新羅の連合軍が百済を滅ぼした後の九月二十七日、唐が新羅を従属させる詔勅の伝達式がこの城で行われたが、唐の使者が式場で急死したため、唐の意図が達せられず、この時から唐と新羅の対立が始まった。両国は対立しながら連合して高句麗を滅ぼしたが、それ以降唐と新羅の本格的な戦争となった。この時、新羅は各地で蜂起していた復興軍を吸収して、この城などに立て籠もって唐軍と戦い、やがて朝鮮半島の全域を統一した。統一新羅誕生の契機になった山城である。

三　百済の滅亡　扶蘇山城《ふそさんじょう》を訪ねて

ここで舞台は再び百済に戻るのだが、それに先立ってまずは中国大陸の動き―。

中国大陸の唐は、朝鮮半島の高句麗をなかなか制圧することができなかった。そこで唐の第三代皇帝の高宗《こうそう》は、皇后の則天武后《そくてんぶこう》とともに、今度はこれまでの轍《てつ》を踏まないよう高句麗攻撃に先立ち百済をまず攻略することを考え、その背後にある新羅と連合して百済を挟み撃ちにする戦略を進めることにした。

これは百済からの激しい攻撃を受けていた新羅側のかねてからの要請に唐がようやく応えたものだった。山地が多く弱小国と見られていた新羅は、唐と結んで何とか自国を守ることが得策と考え、金春秋（後の武烈王）自らが唐に乗り込んで交渉するなど捨て身の外交を展開した。この外交が功を奏して、唐と新羅はその思惑が一致、唐は新羅と連合してまずは百済を攻め滅ぼすことになったのだ。

これに対して百済の側には大きな油断があった。百済の最後の王となった義慈王は、即位の当初は新羅に対して積極的な攻勢を仕掛け、四十余の山城を奪って優勢だったが、次第に驕《おご》りの気持ちを高めて自国を守る意志と新羅に対する戦意を無くしていた。唐と新羅が活発な外交活動を見せるなかで、義慈王は、日夜酒色にふけり、忠臣の諫めの言葉も聞かず、戦争への備えを怠っていた。

　唐の高宗は、将軍の蘇定方《そていほう》を総司令官に任命、総勢十五万の兵力を陸上兵力と海上兵力の二つに分けて百済の攻撃に向かわせた。すなわち陸上兵力は新羅領の漢江流域から陸路を南下した。このとき新羅の名将として高名な金庾信は、五万の精兵を率いて唐軍に呼応しながら百済への攻撃をめざした。一方、唐の海上兵力は山東半島から海を渡って錦江《きんこう》河口に着き、そこから白馬江《はくばこう》をさかのぼるルートで扶余の都をめざした。これに新羅の王子法敏《ほうびん》（後の文武王）率いる百隻の水軍が合流した。

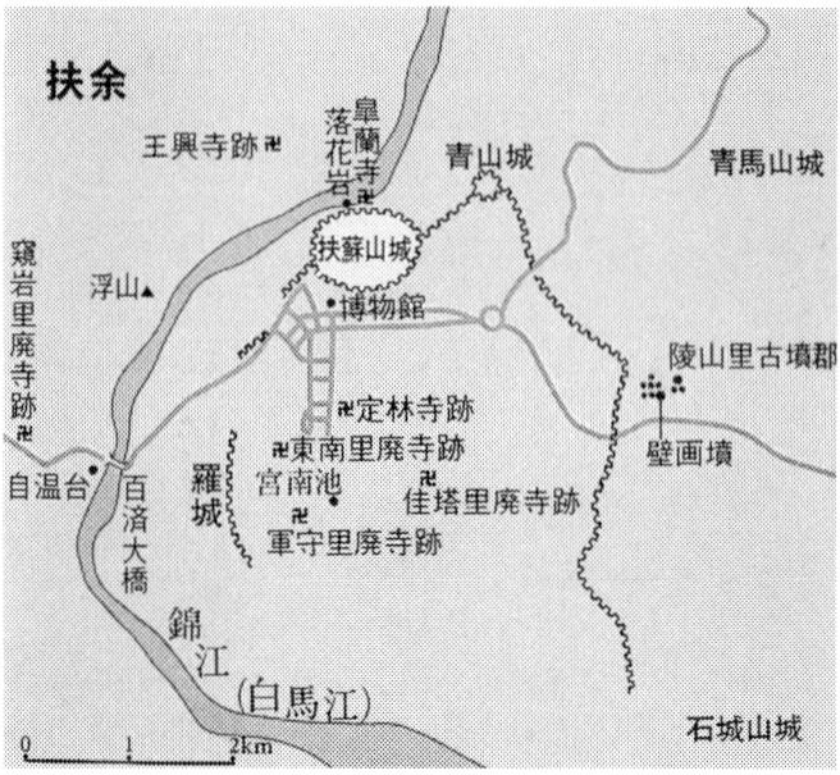

扶蘇山城地図

　この時、百済の最後の拠点となったのが扶蘇山城《ふそさんじょう》（泗沘城《しひじょう》）だった。

　私たちはこの扶蘇山城に登って城内を散策した。この山城は忠清南道扶余郡《ふよぐん》扶余邑の「国立扶余博物館」の背後にある標高百メートルの山だ。山というよりはなだらかな丘で、二つの峰を城壁がそれぞれ取り巻く鉢巻式の山城である。それに加え扶蘇山城の西側は錦江が取り巻いて天然の防御線となっているのに対して、そのような河川のない東の外側には南北に連なる長大な「羅城《らじょう》」をめぐらしているのが大きな特徴だ。扶蘇山城は、高句麗で発達した山城制と中国に見られる都城制を組み合わせた構成といわれており、麓の都を取り囲む形の山城と考えられる。

扶蘇山城の一部

北へ向かって扶蘇山を少し登った所に「三忠祠《さんちゅうし》」があった。堕落した義慈王を諫めた成忠《せいちゅう》と興首《こうしゅ》それに決死隊を率いて新羅軍と勇敢に戦った英雄の階伯《かいはく》を祀るものだ。やがて扶蘇山をめぐる土塁の城壁にそって道は続く。鉢巻き式城壁の土塁は基底部の幅が八・六メートル、高さ三・四メートル、版築で土を固めており、その下には土留めの石垣を築いていた。しばらく行くと「迎日楼《げいじつろう》」があり、そこから少し登ったところに「軍倉跡《ぐんそうあと》」があった。緊急時に備えて武器・資材・食料などを保管する軍の倉庫跡で、礎石の一部が残されていた。その先に「半月楼《はんげつろう》」が現れる。この楼台からは扶余の街並みとその先に広がる錦江《きんこう》（白馬江《はくばこう》）下流域を遠望することができた。「半月楼」から谷を越えなだらかな坂を登ると「送月《そうげつ》台《だい》」で、そこに「泗沘楼《しひろう》」が建つ。そこから急な坂を西北に降りると「落花岩《らっかがん》」があり、その上に「百花亭《ひゃっかてい》」が建っていた。ここから先は断崖で、そこに立って真下に眺める白馬江

百花亭

落花岩

軍倉跡

はまさに絶景だった。

　さて、このような扶蘇山城に立て籠もる百済は、いよいよ都に迫った唐と新羅の連合軍と対戦することになった。

　義慈王は、数万の軍隊を動員し、扶余の近郊で最後の決戦に臨んだが、二十万を越える唐と新羅の連合軍に圧倒されて総崩れとなり、結局、一万余の兵士を戦死させただけで失敗に終わった。その時、義慈王は、二男の泰《たい》を王にしたうえ残兵をまとめて扶蘇山城を死守させ、義慈王自身は長男の太子隆《りゅう》をともなって北方の熊津に向かって逃走した。

国立扶余博物館

　扶蘇山城に残された二男の泰は、やがて怒濤の如く押し寄せる連合軍を前に、甥の文思《ぶんし》の言葉を容れて降伏を決意、兵士も戦意を失って扶蘇山城は陥落した。
　この時、王宮に仕えていた三千人（？）の女官たちが、敵に捕まって辱めを受けるよりも死を選ばんと、山城北西面の断崖から白馬江の流れに身を投げて国に殉じた、といわれている。その様子があたかも落花の如くであったことから、女官が身を投じた断崖は「落花岩」と呼ばれるようになった。

六六〇年七月百済はこのようにして滅んだ。

扶余のかつての都の跡は扶蘇山城の麓に広がり、「国立扶余博物館」付近がかつての王宮跡と見られる。現在扶余郡の人口は八万余で、扶蘇山麓のロータリーから南へ走る中央路が扶余のメイン道路。その東側に中央路と並行して南北に走るのが百済路。その付近に「定林寺跡」があり、百済時代の有名な「五重石塔」が残されていた。七世紀

五重石塔

に建立されたものと伝えられ、高さは十・三メートル。単純で直截的な構成はどっしりとして安定感がある。『韓国の歴史散歩』によると、この「五重石塔」の初層には、扶余を占領した唐の将軍蘇定方が戦勝を記念して六六〇年八月十五日に刻んだ「大唐平百済国碑銘」がある。このなかでは蘇定方がまず諸将の功績を述べ義慈王と太子隆を含む王族十三人と沙宅千福《さたくせんふく》ら七百人を捕虜にしたこと、百済の故地に五つの都督府《ととくふ》を置いて統治すること、戸数二十四万戸、人口六百二十万人であることなどが記されている。

四　日本軍の敗戦　白馬江を訪ねて

六六〇年百済王朝は滅んだが、百済国内では百済の残存勢力が各地に割拠して唐と新羅に対して激しい抵抗を続けていた。その主な拠点は熊津の近くの任存《にんそん》城と白馬江下流右岸の周《す》留《る》城だった。

百済の義慈王は降伏したが、百済の民は降伏していない、これを機に百済を復興させる、と復興運動が展開された。復興軍の士気はすこぶる高く、その戦意は百済全域に広がる勢いを見せていた。その中心人物は、旧将の鬼室福信《きしつふくしん》と僧の道琛であったが、両雄並び立たずの言葉のように、やがて二人の間で主導権争いが起こった。そのあげく鬼室福信は、道琛に勝手な振る舞いが多いとして道琛を暗殺、指導権を確立した。

百済復興軍の総指揮者となった鬼室福信は、日本の朝廷に使者を派遣して、日本で人質となっていた義慈王の子の余豊璋《よほうしょう》を送還してもらいたい、あわせて日本の救援軍を派遣して欲しい、と要請した。百済が滅亡し、王族が絶えた今、余豊璋をもって新たなる百済王としてかつぐとともに、日本の強力な支援を得て、百済国の再興を図って行こうとしたのである。

これに対して日本朝廷の斉明《さいめい》天皇ら首脳は、兄弟のような親密な関係にある百済を見捨てるわけにはいかない、百済は日本防衛の砦である、と余豊璋の送還と救援軍の派遣を決定、早速準備にかかった。

そして戦争指導の大本営を九州の朝倉宮に遷すための船団を編成、斉明天皇・中大兄皇子《なかのおおえのみこ》(後の天智天皇《てんじ》)・大海人皇子《おおあまのみこ》(後の天武天皇《てんむ》)・鵜野皇女《うののひめみこ》(中大兄皇子の皇女で大海人皇子の妃・後の持統天皇《じとう》)・大田皇女《おおたのひめみこ》(中大兄皇子の皇女で大海人皇子の妃)らの乗った船団は、六六一年一月六日、大阪の難波《なにわ》を出発、途中軍兵と軍船を徴集しながら瀬戸内海経由の西遷の旅を続けた。船団が備前(岡山県)の大伯(邑久)の港に着いた時、大田皇女が女児を出産した。名付けて「大伯(来)皇女」とした。さらに船団が一月十四日、伊予(愛媛県)の熟田津に着いて石湯行宮(道後温泉)に泊まった時、額田王《ぬかたのおおきみ》が斉明天皇に代わって詠んだ。

熟田津《にきたつ》に　船乗《ふなの》りせむと　月待《つきま》てば　潮もかなひぬ　今は漕ぎ出《い》でな

(万葉集巻一―八)

船出の時を待っていると、やがて月が出た、潮の具合もよくなったぞ、さあ、今こそみんなで一斉に漕ぎ出そう、と緊迫した状況のなかで天皇が一行の士気を鼓舞したのだった。

伊予の熟田津が現在どこの港か明らかではないが、道後温泉に近い港と考えられ、松山市の護国神社境内には「熟田津に」の歌碑が建つ。
船団が北九州の朝倉宮に着くと間もなく斉明天皇が崩御され、戦争準備は遅れがちになったが、天皇の葬儀を済ませた朝廷は、やがて大本営を設置、六六二年五月には、阿曇比羅夫《あづみのひらふ》に命じて軍船百七十隻、軍兵五千人から成る先発隊を編成させ、秦造田来津《はたのみやつこたぐつ》らが隊長となって王子の余豊璋を百済へ送還させた。

万葉歌碑

秦造田来津は、百済の周留城で鬼室福信と会い、王子余豊璋を引き渡した。余豊璋はそこで新しい百済の王として即位したが、猜疑心の強い余豊璋王は、福信が謀反を企んでいるのではないかと疑った。そして部下とともに、福信の部屋へ突如押し入って福信を捕らえ、部下の意見に従って斬刑に処した。これで百済復興運動はその中心人物を失って大きく後退することになった。

六六三年三月、いよいよ運命の時を迎えた日本の大本営は、前軍・中軍・後軍の三軍から成る百済救援軍を編成した。そして上毛野君稚子《かみつけのきみわくご》・巨瀬神前臣訳語《こせのかんさきのおみおさ》・阿倍引田臣比羅夫《あべひけたのおみひらふ》らをそれぞれの水軍の指揮官に任命した。そして総勢二万七千人

船上から見た落花岩

の軍兵を四百隻の軍船に分乗させて博多を発進させた。この日本の水軍は、新羅の沿岸を攻めながら錦江河口から白馬江をさかのぼって軍兵を上陸させ、周留城の復興軍と合流する作戦を立てていた。

　これに対して唐の高宗は左威将軍《さいしょうぐん》の孫仁師《そんじんし》に百七十隻の軍船と七千人の兵を授けた。この唐の水軍を主力に、さらに新羅の水軍が加わった連合軍は、錦江河口の「白村江《はくすきのえ》」に布陣して、日本水軍の上陸を阻止する構えを見せた。

　そのような双方の軍船が激突した海戦は、日本で「白村江の海戦」といわれ、六六三年八月の二十七日と二十八日の二日間行われた。

　その一日目、河口に着いた日本水軍の一部は、功を焦って河口の奥に布陣した唐と新羅の水軍をめざしてわれ先にと突撃し、双方火箭の撃ち合いとなった。しかし日本の軍船は唐と新羅の軍船から打ち込まれる火箭が命中して炎上する船が続出、一旦軍船を海の方へ後退させた。

　二日目、前日の反省も明確な戦略もないまま再びわれ先にと突撃しようとした日本水軍に対して、唐と新羅は水軍を二つに分け、陣形を堅固にして河口の両岸に布陣した。日本水軍を挟み撃ちにする作戦だった。

　潮の干満の差が大きい「白村江」では、ちょうど上げ潮時にあたっていたため、日本水軍は初めのうちは上げ潮に乗って河口の奥深くまで乗り入れることができた。しかし、日本の水軍は左右両方から激しく火箭を打ち込まれ、前日にも増して炎上する船が相次いだ。日本兵のなかには熱さのため海に飛び込む者が続出、大混乱に陥った。日本水軍の司令官はやむをえず軍船の退却を命じたが、満ち潮にあたっていたために思うように退却することができず、損害をいっそう大きくした。

30キロ下流が白村江

　秦造田来津は、海戦の後、夜陰に紛れて唐の水軍になぐり込みをかけ数十人を殺したが、力尽きて戦死した。

　結局、日本水軍は多数の死傷者を出して敗退した。捕虜として捕らえられた日本兵も多かった。『日本書紀』では「大唐軍は左右から船をはさんで攻撃した。たちまち日本軍は敗れた。水に落ちて溺死する者が多かった」と記録している。中国の歴史書『旧唐書《くとうじょ》』は「その船四百隻を焼く、煙と炎は天に漲り、海水皆赤し」と日本軍潰滅の様子を伝えている。

今から千四百年前、日本が歴史上初めて行った大がかりな海外派兵。その戦力は唐と新羅の連合軍に劣るものではなかったが、百済軍側の相次ぐ内紛と日本軍幹部の統率力の欠如などによって、結局、失敗に終わった。各豪族軍の寄せ集めで、指揮・命令が統一されていなかったのが最大の敗因であった。

私たちは今回の訪問で白馬江を船で航行する体験をした。この日の白馬江は数日前の大雨で水は黄色く濁っていたが、小さな遊覧船に揺られながら、船上から見上げるような落花岩の絶壁を眺めた。船はゆっくりと白馬江を下ったが、その河口にある「白村江」は、この地点からさらに三十キロ下流にあるとのこと。残念ながらそこまで船で下ることはできなかった。

私は、せめて「白馬江」だけでも、是非一度訪ねて見たいと思っていただけに、今回、長年の念願がやっと叶えられて感動した。「白村江」の戦跡に、しばし思いを馳せながら、今も悠久の時を刻んでゆっくりと流れる「白馬江」との出会いに、何か急に胸が熱くなるような、そんな感慨を抑えることができなかった。

五　白村江のその後 鬼ノ城を訪ねて

百済復興軍の拠点の周留城は、「白村江の海戦」から十日後に唐と新羅の手に落ち、百済復興軍は潰滅した。余豊璋王は高句麗に逃げ込んだが、その高句麗も五年後に唐と新羅の連合軍の攻撃を受けて首都の平壌《ピョンヤン》が陥落、さすがに頑強を誇った高句麗もついに滅亡した。

百済から多数の政治家・軍人・学者・技術者が日本に亡命してきた。このなかには、百済復興軍の中心人物だった鬼室福信一族の鬼室集斯《きしつしゅうし》がいた。集斯は余自信《よじしん》とともに日本に渡り、男女七百余人の百済人を近江国蒲生郡に移住させるとともに、日本の学識頭《がくしきとう》（現在の大学学長）として活躍した。

幸い無事に生きて帰った日本軍兵もいた。備後国三谷郡の大領（長官）の先祖もその一人で、百済の僧の弘済《ぐさい》をともなって帰国し、現在の広島県三次市向江田町に三谷寺（寺町廃寺）を建立した。

日本の朝廷は、唐と新羅の連合軍が、そのまま海を渡って日本に攻め込んでくるのではないか、と恐怖に怯《おび》えた。

天智天皇は、都を近江大津に遷すとともに、急ぎ律令制度《りつりょうせいど》を整備して政治権力の一層の集中強化を図った。そして緊急事態に備えて山の頂上から頂上へと炎や煙でリレーする通信連絡手段としての烽《とぶひ》を設け、壱岐・対馬・筑紫には辺境の防備にあたる防人《さきもり》（崎守）を配置した。

鬼ノ城

『日本書紀』の記録によると天智天皇の朝廷は太宰府の前面に大きな堤防の水城《みずき》を建設し、水を貯えた。次いで百済亡命人の答本春初《とうほんしゅんそ》・憶礼福留《おくらいふくる》・四比福夫《しひふくぶ》らを遣わして大宰府を防衛するための大野城と基肄城を築かせ、また長門城を築造させた。さらに対馬の金田城・讃岐の屋島城・大和の高安城などの山城を相次いで築いた。北九州の大宰府から瀬戸内海沿岸にかけて急ぎ朝鮮式山城を築いて防衛態勢を固めたのだった。

総社市奥坂の鬼ノ城（国史跡）もこのような一連の対外防衛のために築かれた古代山城だ。吉備地方に伝わる「温羅《うら》伝説」がもとになって「鬼ノ城」の名で呼ばれているが、『日本書紀』には鬼ノ城の築城記録がない。このことから、西日本一帯で確認された十六個所の神籠石《こうごいし》系山城の一つと考えられていた。「白村江の海戦」以前に、吉備が独自に大和からの侵略に備えて築城したとの説もある。

鬼ノ城は備中国の国府一帯の背後にそびえる標高四百メートルの鬼城山《きのじょうさん》の急な斜面と頂上部の平坦な地形を巧みに活かして築かれた古代の典型的な山城で、鬼城山の八~九合目に鉢巻き状に築かれた城壁の長さは二千八百メートルに及ぶ。城壁の高さは六~八メートルで、概ね下部は石垣、上部は版築の土塁となっており、その一部の城壁の内外には幅一・五メートルにわたって石が敷かれている。

鬼ノ城の角楼

鬼城山近くの西の隅には城壁の一部が長方形に突出した「角楼《かくろう》」と呼ばれる施設がある。城壁の死角になって防御しにくい西門などを監視する望楼機能を備えた防衛施設で、日本の古代山城のなかで「角楼」が確認されたのは鬼ノ城だけである。鬼ノ城ではさらに西・南・東・北に四つの城門があったことが確認されており、六か所に水門があったと考えられている。とくに西の城門とその付近の城壁については、現在

復元された西城門

総社市教育委員会によってその復元工事が進められ、今や高さ幅ともに約十三メートル、奥行き約九メートルの木造三階建の巨大な城門が姿を現した。古代山城では初めての城門の復元で、付近の城壁とともに堅固な山城のイメージが広がっている。

城内面積は三十万平方メートルにも及ぶ。このなかには倉庫跡と思われる礎石の一部も発見されている。築城に当たっては百済方式を主としながら、高句麗や新羅の方式も取り入れたもので、いざ戦争という場合の「逃げ城」或いは「籠り城」としての機能を備えており、『日本書紀』に記録された山城と同様の「朝鮮式山城」とする考えが有力である。

築城のさいには恐らく吉備の人々が総動員されたに違いない。鬼ノ城はまさにその吉備の人々の膨大なエネルギーが結集されたものである。

鬼ノ城の城壁の上からの眺めは雄大だ。造山古墳や作山古墳それに備中国府跡・栢寺廃寺跡・備中国分寺・吉備津神社など古代吉備国の興亡の舞台を一望することができる。

吉備地方ではこのほか岡山市草ケ部の大廻小廻山《おおめぐりこめぐりやま》遺跡が備前の古代山城と考えられている。

鬼ノ城からの展望

備後には常城《つねき》と茨城《いばらき》の二つの山城があったことが『続日本紀《しょくにほんぎ》』に記録されている。二つの山城はともにその場所が明確ではなく、それらしい遺構も確認されていないが、このうち常城は広島県福山市新市町常の地名から備後国府のあった府中市の北にそびえる標高五百メートルの山と推定されている。頂上付近には幾つかの池があり「七つ池」と呼ばれている。

山頂と山頂を結ぶ烽《とぶひ》はおよそ四十里ごとに設けられたといわれており、吉備のなかでは旧倉敷市と真備町との境にある標高三百メートルの「弥高山《やたかやま》」が、そのような烽の山と見られる。

防人《さきもり》（崎守）は主として東国（今の関東・甲信地方）から二千人乃至三千人の民が強制的に集められ、一旦大阪の難波に集結させられた後、瀬戸内海経由で北九州へ送られた。任期は概ね三年、その半数ずつが交代して簡単な軍事訓練を受けた後、壱岐・対馬・筑紫などの辺境の守りに就いた。

このように日本での防衛態勢がすすむなか、朝鮮半島では百済と高句麗を滅ぼした唐と新羅がやがて対立、双方で戦争となった。結局、新羅が各地の復興軍を吸収しながら唐の勢力を駆逐、六七六年朝鮮半島全域を統一した。統一新羅の誕生である。こんな状況もあって唐と新羅からの日本への攻撃はなく、北九州や瀬戸内海沿岸に築かれた山城が戦場として使われることはなかった。

日本の古代史から韓国の古代史へ、そして再び日本の古代史へ。

私にとって今回の韓国訪問は、そうした歴史の流れを実地に検証する旅だった。

歴史の大きなうねりとそれにともなう様々な歴史的事象は、東アジアの広大な舞台のなかで常に連動し影響し合いながら生起している。歴史を学ぶ者にとっては、そのような東アジアというグローバルな視点で歴史をとらえなければ、歴史の真実は見えないことを、今回の旅を通して改めて実感した次第である。

(注)　今回の韓国の旅…平成十四年（二〇〇二）九月十日〜十三日

（高梁川　平成十五年）

園臣生羽女とその万葉歌

一

古代の吉備の国には、幾つかの有力な地方豪族が存在していた。そのなかに苑県《そののあがた》を支配領域とする苑臣《そののおみ》があった。六世紀の時代にその苑県は下道臣《しもつみちのおみ》の領域に組み込まれたが、下道郡曽能郷《そのごう》の名を残した。そうしたなかで豪族の苑臣は勢力は弱まったものの生き残り、八世紀代に園臣生羽《そののおみのいくは》の娘が『万葉集』に登場して有名な次のような歌を今に伝えている。

三方沙弥《みかたのさみ》の園臣生羽女《むすめ》を娶《ま》きて、いまだ幾《いくばく》の時を経ずして

園臣生羽女の歌碑

病に臥して作れる歌。

たけばぬれ　たかねば長き　妹《いも》が髪　この頃見ぬに　掻《か》きいれつらむか

（巻二―一二三）

〈束ねると解け、束ねないと長すぎたあなたの髪は、しばらく逢わないあいだに、もう誰れかが掻きいれて束ねてしまったろうか〉

これに対して園臣生羽の娘が応えた歌。

人皆《ひそみな》は　今は長しと　たけと言へど　君が見し髪　乱れたりとも

（巻二―一二四）

〈人は皆、もう長いから束ねなさいと言うけれども、あなたがご覧になった髪ですもの、どんなに長く乱れていようとも、そのままにしておきますわ〉

飛鳥・奈良時代、女性が髪を結ぶことは、少女が成人すること、結婚することを意味した。この二首の歌は、古代の母系制社会の名残を留める「妻問い婚」或いは「通い婚」時代の、都を舞台にした愛の問答歌である。三方沙弥が病気でしばらく園臣生羽の娘との逢う瀬が途絶えていたために、その娘に歌を贈って愛を確かめようとしたのに対して、彼の来訪を待ちわびる彼女が間接的な表現ながら「あなたにこそこの乱れ髪を結んで貫いたい」と応えたのである。

さて、歌を贈った三方沙弥とはどんな人物か――。

三方沙弥は生年は不明。初め僧になったが、還俗《げんぞく》して山田史三方《やまだのふひとみかた》とも称した。慶雲四年（七〇七）四月朝廷からその学術を賞せられ、和銅五年（七一二）正月には聖武《しょうむ》天皇の東宮に侍し、学業の師範として文章博士になっている。後に従五位下で大学頭（学長）を務めており、なかなかの学者文化人であったと思われる。『万葉集』のなかに七首の歌が残されているうえ、漢詩集『懐風藻《かいふうそう》』のなかに山田史三方の名で三首の漢詩が収められている。

そのなかの「秋日於長王宅宴新羅客」（秋の日に長王《ながおう》の邸宅で新羅《しらぎ》の客と宴《うたげ》をした時の詩）一首が有名。この漢詩には「君王敬愛の沖衿《ちゅうきん》をもって広く琴樽《きんそん》の賞を闢《ひら》く」で始まる長文の序が付いているが、漢詩文に造詣の深い杉本行夫氏によると「この文章は故事あり、来歴あり、作者の博学宏辞なること、まことに『懐風藻』のなかでは白眉たるもの」と讃えられている。

序に続く漢詩は次のような五言詩である。

白露縣珠日　　白露が玉をつらねる秋の日
黄葉散風朝　　黄葉が風に散りゆく朝
対揖三朝使　　新羅よりの使者を迎え入れ
言尽九秋韶　　虞舜の音楽を奏で尽くす

牙水含調激　水の流れは琴の調べとなって注ぎ
虞葵落扇瓢　葵の花は舞の扇に降りかかる
已謝霊台下　今ここ霊台の下を去るにあたり
徒欲報瓊瑶　及ばずながら拙詩皇恩に報いるべく

もう一首「三月三日曲水の宴」と題する五言絶句。

錦巖飛瀑激　錦の色どりをした巌から滝が激しく流れ落ち
春岫曄桃開　春にかすむ嶺には桃があでやかに咲いている
不憚流水急　曲水の流れの急なことは別にいといはしない
唯恨盞遅来　ただ盞《さん》の廻って来るのが遅いのを恨むだけだ

中国古代の周の幽王が三月三日「河上曲水の宴」を設けたという故事にもとづく詩。「曲水の宴」は日本でも奈良時代からその風習を伝えて貴族の間で始まった。三方沙弥が漢詩文に如何に造詣が深かったかを物語る詩である。

（江口孝夫全訳注『懐風藻』より）

二

では、園臣生羽の娘は、どのような女性か——。

『万葉集』巻六—一〇二三の歌の左注には「或る本に云はく『三方沙弥の妻の苑臣に恋ひて作れる歌なり』と言へり」との記述があり、園臣と苑臣が同一の豪族名であることを示している。

そのことを念頭に置いて『日本書紀』の次の記事に注目したい。

応神天皇の二十二年九月六日、天皇は淡路島で狩りをされた。さらに天皇は淡路から吉備にお出でになり、小豆島に遊ばれた。そして十日、葉田の葦守《あしもり》宮に移りお住みになった。そのとき御友別《みともわけ》が来てその兄弟子孫を料理番として奉仕させた。天皇は、御友別が畏まり仕えまつる様子をご覧になり、たいそう喜ばれた。それで吉備国を割いて御友別の子たちに治めさせた。川島県《かわしまあがた》を分けて長子の稲速別《いなはやわけ》に封じさせた。これが下道臣の始祖である。次に上道《かみつみち》県《あがた》を中子の仲彦に封じさせた。これが上道臣と香屋《かや》臣の始祖である。次に三野県《みのあがた》を弟彦に封じさせた。これが三野臣の始祖である。また波区芸県《はくぎあがた》を御友別の弟の鴨別《かもわけ》に封じさせた。これが笠臣《かさおみ》の始祖である。苑県を兄の浦凝別《うらごおりわけ》に封じさせた。これが苑臣の始祖である。織部を兄媛《えひめ》に賜った。その子孫がいま吉備国にいるのは、その縁である。

以上のような記述をもとに吉備の県《あがた》を列挙すると次の五つの県があったことがわかる。

川島県（下道臣）上道県（上道臣・香屋臣）三野県（三野臣）波区芸県（笠臣）

苑県（苑臣）

五世紀代における吉備の豪族の支配地域を示すものとして重要で、当時、小豆島も吉備の領域に含まれていたことが知られる。

このなかに登場する御友別は、葦守（岡山市足守）を本拠とする吉備の在地の豪族で、吉備の本宗家に当たると思われるが、この記事は御友別一族の吉備地域における支配権が五世紀代の大和の応神天皇によって事実上確認されたことを述べたものと見られる。そして吉備のなかの苑県については、御友別の兄の浦凝別が封じられ、苑臣の始祖になったことが述べられているのだ。

苑県は、五世紀の頃は高梁川下流域西側の広い範囲に及んでいた。その支配者は苑臣であった。

その高梁川の東側には川島県（総社平野）があり下道臣が支配していた。下道臣は吉備のなかで最も有力な豪族で、いずれも国史跡の巨大な「造山古墳」と「作山古墳」を築造、大和に匹敵する勢力を誇っていた。しかし、その川島県では五世紀末に『日本書紀』雄略天皇六年八月の条に書かれているような「下道臣前津屋《さきつや》の反乱」事件が起こった。すなわち「大和の朝廷は、吉備下道臣前津屋に反乱の疑いがあるとして、物部《もののべ》の兵士三十人を遣わし、前津屋とその一族七十人を殺させた」というものである。この反乱事件のために、もともと高梁川東側の川島県に封ぜられていた下道臣は、処分を受けて高梁川西側の流域、つまり苑県の領域へ、支配地域を移動することを余儀なくされたと考えられる。

やがて六世紀になると大和政権の地方支配体制が全国的に広がるなかで、新しく国造制が実施された。国造はこれまでの地方豪族の支配を国の首長として認めながら大和政権に服属する形で就任したもので、地方支配のための強力な軍事・警察・裁判などの権限を保持していたといわれる。

『旧事本紀』の国造本紀（平安時代初期成立）によると、このうち吉備関係の国造は次の九つの国造である。

大伯国造	上道国造	三野国造	下道国造	加夜国造
波久岐国造	吉備中県国造	吉備穴国造	吉備品治国造	

吉備地方では五つの県の時代から大伯《おおく》国造と頭に吉備の付いた備後地方の中県《なかあがた》・穴・品治《ほむち》

の三つの国造が加わり、吉備の領域が岡山県東部地方・広島県備後地方へと拡大していることが分かる。川島県が下道国造となっているが、これは同一の総社地域を指すもの。しかし、吉備中心部の国造のうち苑臣だけが国造になっていない。苑国造が消えているのである。下道国造（下道臣）が苑県地域へ移動後、苑県と苑臣はどうなったのであろうか――。

三

六世紀の初めに高梁川東側の川島県から西側の苑県に移動した下道国造（下道臣）は、苑県の領域を接収して広い支配地域をもつようになり、六世紀末の古墳時代後期になっても大きな勢力を持ち続けた。そして国史跡で巨大な横穴式石室をもつ「箭田《やた》大塚古墳」を築造、白鳳時代には仏教の普及とともに「箭田廃寺」と

栢寺廃寺

「八高廃寺《はっこう》」を建立した。この地域は古代律令制《りつりょうせい》のなかで「下道郡」となったが、この「下道郡」を勢力基盤とする下道臣一族からは七世紀末の持統九年（六九五）吉備真備《きびのまきび》公が生まれている。

下道臣が去った川島県の地域には代わりに新しく加夜《かや》国造（加夜臣）が入り、六世紀末の古墳時代後期には国史跡の「こうもり塚古墳」を築造、七世紀には備中国府が置かれ、その近くに「栢寺廃寺」を建立した。後には官寺として「備中国分寺」と「国分尼寺」を建立、さらに総社平野北方の新山には朝鮮式山城の壮大な「鬼ノ城」を築城した。加夜臣は朝鮮半島の百済《くだら》から先進文化を担って日本へ渡来してきた豪族ではないか、とする見解がある。

この加夜臣（草・栢・香屋・蚊屋・加夜・賀陽ともいわれた）の草嬢《かやのおとめ》が『万葉集』に一首の歌を残している。

秋の田の　穂田《ほた》の刈《かり》ばか　か寄り合はば　そこもか人の　吾《わ》を言《こと》なさむ

（巻四―五一二）

〈秋の田の稲穂の刈り時のように、こんなに寄り合ったら、そのことでも人は噂を立てるでしょうか〉

万葉学者の中西進氏によると、草嬢は『日本書紀』舒明天皇即位紀（六三八）に「天皇、蚊屋采女《かやのうねめ》を召して蚊屋皇子を儲けた」と記されているように天皇の寵愛を受けて皇子を生んだ蚊屋氏出身の采女である。その後、蚊屋氏は賀陽氏と好字に改め備中国の総鎮守である吉備津神社の神官を長く務めた。多くの人材を輩出した由緒ある家柄であり、鎌倉時代には臨済宗の開祖で中国から日本へ「茶」をもたらした栄西《えいさい》禅師が生まれていることも特筆すべきことである。

平安時代の十世紀に成立した『和名抄《わみょうしょう》』によると、備中国下道郡のなかには十五の郷が記録されている。すなわち秦原（秦）・釧代（久代）・八田（箭田）・曽能（園）・河辺（川辺）・邇磨（二万）・呉妹（同表記）・穂北（穂井田）の八郷と近似・成羽・穴田・湯野などその後の川上郡内の七つの郷も含まれていた。もとの下道郡は高梁川西側地域に南北に広がる長い郡であったことがわかる。そんな下道郡のなかに確かに「曽能郷」があった。本来なら「苑県」の地域が「苑国造」の領域となり、その領域が古代律令制の「苑郡」になる筈であったが、何故か「苑国造」の名がなく、「苑郡」とはならなかった。苑県は古代律令制が実施されるなかで「下道郡」のなかに吸収され「曽能郷」として存続することになったのである。

これとともに苑臣という豪族も勢力が弱まったとはいえ消滅することなく、古代律令制のもとでも下道郡曽能郷を本貫地とする豪族の園（苑）臣として生き続けた。そして七世紀の白鳳時代には「岡田廃寺」を建立、八世紀の天平《てんぴょう》時代には園（苑）臣生羽の娘が登場して『万葉集』に歌を残したと考えられる。

園臣生羽の娘は、吉備真備公より一世代前の若き女性と思われる。彼女がどうして都に出ていたのか、采女だったのかどうか、どうして三方沙弥と知り合ったのか、いっさい不明であるが、吉備出身のこのような女性が、当時最高の学者文化人であった三方沙弥の愛を受け『万葉集』に貴重な歌を残したことを大いに注目したいものである。

ただ、園臣は下道郡だけではなく、賀陽郡と津高郡にも登場する。すなわち『備中国風土記』逸文には「賀陽郡少領園臣五百国」の名があり、『唐招提寺文書』の「備前国津高郷陸田券」には「大領津高郡園臣（名前を欠く）」と記されている。いずれも園臣の同族と考えられ、備中と備前に在住する官人として活躍しているのだが、これについては、園臣が下道郡から賀陽郡と津高郡に移動したものとする見解がある。確かに彼らがそれぞれの郡に居住していたことは事実かもしれないが、しかし、問題の園臣生羽がどの郡に住んでいたかは明確ではなく、移動を示す資料もないことから、園臣生羽を賀陽郡或いは津高郡出身とすることはできない。園臣の本貫地はあくまで下道郡曽能郷とすべきであり、その地の出身と考えるのが最も妥当である。

奈良・平安時代の下道郡曽能郷は、鎌倉・室町時代になって荘園制が広がると西園庄と東園庄に分かれ、「堂応寺宝篋印塔」（国指定・石造美術）と「満願寺宝篋印塔」（県指定・石造美術）が建立された。

旧薗村にある西園神社

江戸時代には伊東侯が入って約一万石の岡田藩制を敷いたが、明治四年の廃藩置県によって西園庄が下道郡の市場村と有井村、東園庄が下道郡の岡田村と辻田村となった。明治二十二年（一八八九）には市場村と有井村が合併して薗村となり、岡田村と辻田村が合併して岡田村となった。明治三十三年（一九〇〇）には下道郡と賀陽郡が合併して吉備郡となったが、昭和二十七年（一九五二）にはその吉備郡内の箭田町・大備村（岡田村・川辺村）・薗村・呉妹村・二万村が合併して真備町となった。昭和三十一年（一九五六）には穂井田村のうちの服部地区が真備町と合併して現在の姿の真備町となったのだが、奈良・平安時代の曽能郷は、今の倉敷市真備町の大字で市場・有井・岡田・辻田の地域に相当する。今もこの地域には「薗小学校」「西園神社」「東薗神社」の名が残っている。

倉敷市真備町では、町ゆかりの万葉歌を後世に末永く伝えようと万葉歌碑を造ることになり、真備町公民館の万葉の講座生が中心になって平成十三年四月「万葉歌碑を建立する会」を結成、広く町内外に募金を呼びかけて建立をめざした。

平成十四年がちょうど旧真備町町制施行五十周年にあたることから、これを記念する事業の一環として進められた。そして町内産の縦一・二メートル、横一・八メートルの花崗岩の自然石に地元の書道家加藤久子さんが二首の歌を揮毫し、真備町の文化交流施設マービーふれあいセンターの前庭に完成した。

2人のかぐや姫

町内外三百八十八人の賛同者があり、七十万円の募金があった。これに町からの補助金を合わせた約百十万円で建立したものである。

平成十四年一月二十七日の除幕式では、約百人の関係者が出席、鎌田頼靖町長、金盛秀禎会長ら五人と町内の中学と高校の生徒六人が紅白の綱を引いて除幕した。関係者の挨拶や祝辞の後、筍《たけのこ》の産地にちなむ「かぐや姫」の二人のお嬢さんが、万葉衣装に着替えて二首の万葉の歌を高らかに朗唱した。

会場では箏曲の調べが流れるなか茶の湯の接待もあり、新春にふさわしい梅や柳など季節の万葉の花が生けられて式典に彩りを添えた。

真備町はもともと奈良時代に遣唐留学生や遣唐副使として活躍した吉備真備公ゆかりの地で、昭和二十七年（一九五二）に誕生した真備町の町名も吉備真備公にちなんで名付けられた。そしてこれまで吉備真備公を中心に据えた町づくりや日中交流事業を進めてきた。町内には吉備真備公が生まれた時に使ったとされる「産湯の井戸」、吉備真備

中国風のまきび公園

公が晩年琴を弾いたといわれる「琴弾岩」、吉備真備公の墓所との言い伝えのある「吉備様」、吉備真備公の菩提寺である「吉備寺」などがある。昭和六十年代からその「吉備寺」周辺が中国庭園風の「まきび公園」として整備され、そのなかには吉備真備公に関する資料を展示した「まきび記念館」が建てられている。

今回新しく万葉歌碑が建立されたことで、真備町を歴史と文化の薫る「万葉の里」として

も位置づけ、万葉による町づくりに繋げたいとしている。

五

日本最古の古典文学で日本が世界に誇ることのできる文化遺産『万葉集』は、全二十巻で約四千五百首の歌が収められている。その歌が詠まれた地域や歌人の出身地など万葉ゆかりの地は、全国で約千二百か所。それらのゆかりの地には万葉歴史館・万葉植物公園・万葉歌碑などが建てら

天平ろまん館

因幡万葉歴史館

れている。

　このうち万葉歴史館では富山県の「高岡市万葉歴史館」、宮城県涌谷《わくや》町の「天平ろまん館」、鳥取市国府町の「因幡《いなば》万葉歴史館」、和歌山市の「万葉館」、長崎県五島列島三井楽《みいらく》町の「遣唐使ふるさと館」、奈良県明日香《あすか》村の「犬養万葉記念館」、奈良県明日香村の「奈良県立万葉文化館」などがとくに知られている。

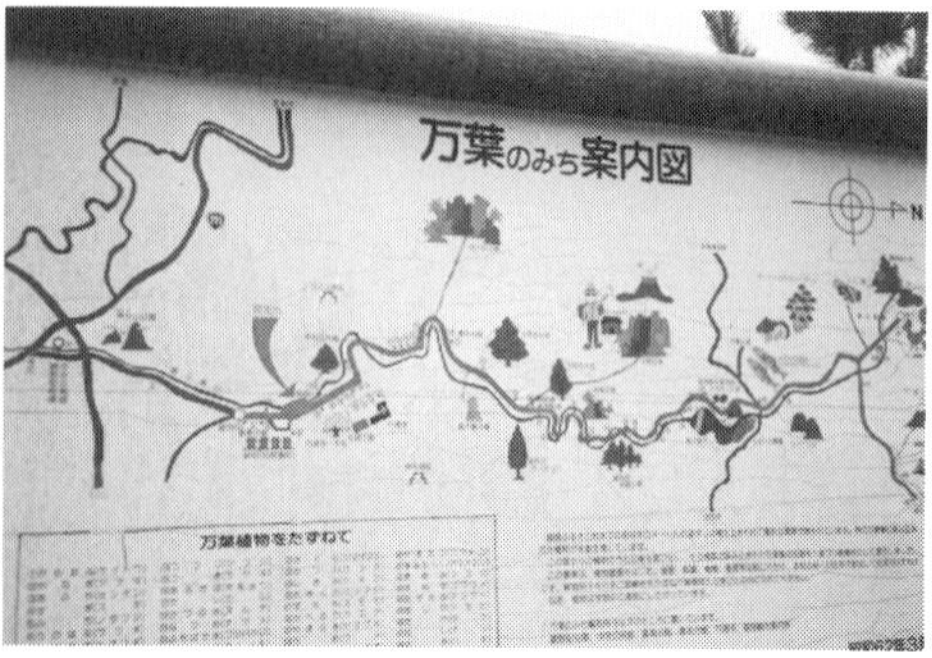

鏡野の万葉のみち

柿本人磨碑

　万葉植物公園や万葉の森は全国で三十五か所を数えるが、このうちでは奈良市の春日大社の「万葉植物園」や島根県益田市の「万葉植物公園」が知られている。百種類以上の万葉植物が自生している岡山県鏡野町では、香々美から越畑までの十六キロメートルの道路の周辺に、五十種類の万葉植物にちなむ歌を書き込んだ標柱を立て「万葉のみち」として整備している。

万葉の歌碑は古くから全国各地に建てられ、かなりの数にのぼっているが、香川県坂出市の沙弥《しゃみ》島に昭和十一年（一九三六）に歌人の川田順氏が書いた「柿本人麿碑」と遣新羅使《けんしらぎし》の八首の歌を昭和十九年（一九四四）書道家の井上桂園氏が揮毫した広島県呉市倉橋町の「万葉集長門島之碑」が有名だ。岡山県内での歌碑は、全部で九基、このうち万葉ゆかりの地に建てられた歌碑は牛窓・邑久・玉島・神島・灘崎・児島・真備の七基である。

全国には万葉を趣味にして全国のゆかりの地を巡ったり歌碑を訪ね歩いたりしている人々が多い。万葉の「写

万葉集長門島之碑

越中万葉夢幻譚

真集」や「画集」を出した人もいる。万葉をテーマにした「コンサート」や「ミュージカル」があり、富山県高岡市では「越中万葉夢幻譚」や「万葉集全二〇巻朗唱の会」の華麗な大イベントが毎年繰り広げられている。万葉研究会や万葉短歌会など各種グループの活動も活発だ。カルチャーセンターや各地の公民館での万葉講座も最近益々盛んである。

そんな万葉ファンが全国には厚い層をなして存在しているのだ。近年、このような全国の万葉ファンによるネットワーク化が進められ、「全国万葉フォーラム」が毎年ゆかりの地で千人規模の万葉ファンを集めて開かれている。そのうえ平成十二年には「全国万葉協会」がつくられた。全国の学者や研究者それに一般の市民などが参加し機関紙の「万葉ネット通信」を発行している。

真備町の講座生による「万葉のロマンを楽しむ会」も個人や団体でこの協会に加入し、真備町を大いにアピールしているが、このような形で『万葉集』に対する関心が高まり、万葉のロマンを求める人々の交流の輪が広がって行くことはまことに素晴らしいことである。

（高梁川　平成十四年）

吉備真備と菅原道真

―古代に輝く二つの巨星―

奈良時代の吉備真備《きびのまきび》と平安時代の菅原道真《すがわらのみちざね》とは、古来、比較して語られることが多い。二人は、ともに当代きっての学者文化人でありながら、右大臣にまで昇った点で共通している。しかし、吉備真備が大宰府に左遷されても政治的に見事に復活しているのに対して、菅原道真は左遷された大宰府の地で悶々のうちに亡くなっている。吉備真備が八十一歳で人生をまっとうしたのに対して、菅原道真は左遷先の大宰府で五十八歳の悲劇的な生涯を終え、それ故に後に「怨霊《おんりょう》の神」となって全国一万社を数える天神社に祀られる。

この稿では吉備真備と菅原道真を比較して語ることによって、それぞれの特性を明らかにしようとするものである。

一　吉備真備の生涯

吉備真備《きびのまきび》は飛鳥時代の持統天皇九年（六九五）に生まれた。出生地については備中国下道《しもつみち》郡《ぐん》（倉敷市真備町）とする説と大和国の藤原京《ふじわらきょう》（奈良県桜井市）とする説とがある。備中国下道郡、現在の倉敷市真備町箭田《やた》には「吉備公館址《きびこうやかたあと》と産湯《うぶゆ》の井戸」といわれる所があり、この近くには明治時代の有名な漢学者で歴史家の重野安繹《しげのやすつぐ》氏が書いた「吉備公館址」の石碑が建っている。江戸時代の地理学者でこの地方ゆかりの古《ふる》川古松軒《かわこしょうけん》は、この地に「清済川《しさいがわ》」と呼ばれる流れがあり、それが後に「子洗川《しさいがわ》」と書かれるようになった、と述べている。「清済川」が吉備真備と結び付いて「産湯の井戸」と呼ばれるようになったのであろう。

吉備真備像

　これに対して奈良県の藤原京説は、吉備真備の父の下道圀勝《しもつみちのくにかつ》が右衛士少尉《うえじしょうじょう》という都の右京の警護にあたる下級武官を務めていたこと、真備の母が大和国宇智郡（奈良県五條市）出身の楊貴氏《やぎし》の女性であったと思われることなどから、父母の結婚生活は当時の藤原京かその付近で営まれたと考えるのである。

吉備真備産湯の井戸

真備の出生地は備中国の下道郡か大和国の藤原京か、確かなことはわからない。しかしいずれにしても備中国下道郡の下道氏《しもつみちし》一族の出身であることは間違いないのである。真備町箭田には国史跡の巨大な横穴式の「箭田大塚古墳」があり、古代吉備王国の一翼を担う下道氏の墓と考えられる。そのうえ真備町の隣の矢掛町《やかげ》東三成《ひがしみなり》からは、江戸時代の元禄十二年（一六九九）真備の祖母の「銅製骨蔵器」が発見され、真備の父の下道圀勝がその母を火葬にして埋葬したものであることが明らかになった。その日付は和銅元年（七〇八）十一月二十七日と刻印されている。このようなことから真備の出身は備中国下道郡の古代豪族下道氏と考えられるのである。吉備真備も初めの頃は下道真備《しもつみちのまきび》といわれていたことがこれを証明している。

先に述べた「銅製骨蔵器」は、これまで土葬が一般的であった社会のなかでいち早く火葬の制度を採り入れているうえ、中国唐の時代の則天武后《そくてんぶこう》が制定した「圀」という「則天文字」を早々と使っており、この地方が先進文化を採り入れるのに如何に敏感だったかを示している。

真備はそのような地域出身の開明的な両親のもとで育てられ、やがて両親とともに奈良の平城京に住み、官吏の養成機関である国立の大学寮《だいがくりょう》に入った。真備のように地方出身で正七位上相当の低い位の父親のもとでは、大学寮に入ることは容易ではなかった。おそらく父の勤務成績や真備自身の勉学への強い熱意によって特別に入学が許されたのであろう。

真備は約六年間一生懸命勉学に励み、優秀な成績で卒業した。そして二十二歳の時、従八位下の位階を授けられ、霊亀《れいき》二年（七一六）第八次の遣唐使にともなわれて先進国の唐に渡る遣唐留学生に選ばれた。当時の遣唐留学生は、特別に学問が優れ、危険をおかしてでも勉学する熱意と勇気を備えた人材が選ばれることが多く、真備もそのような要件を備えていたと考えられる。

真備と一緒に唐に渡った留学生に大和の名門阿倍《あべし》氏出身の阿倍仲麻呂《あべのなかまろ》がいた。留学僧に物部《ものべし》氏と同族の河内阿刀《かわちのあとし》氏出身の玄昉《げんぼう》がいた。

この時の遣唐使は四隻の船に分乗して、難波《なにわ》（大阪）から瀬戸内海経由で北九州に至った。さらに九州西岸を南下して奄美諸島から沖縄列島に至り、そこから中国大陸の長江《ちょうこう》（揚子江）

復元された遣唐使船
（広島県呉市倉橋町）

河口へ向かう南島路を経由した。何と言っても大海の荒海を越えなければならない。激しい風雨に襲われてあわや沈没という事態も度々起こり、時に死を覚悟することもあった。ともかくも真備たちは無事中国大陸に着いた。船は揚州《ようしゅう》に係留して大使や留学生など一部の人たちだけが大運河を通って都の長安（現西安市）をめざした。途中、洛陽《らくよう》に寄り、函谷関《かんこくかん》の難所を越えて長安に入ったのは、奈良の都を出てから半年後のことであった。

当時の長安は高い頑丈な城壁に囲まれた城塞都市であるとともに、西にシルクロードが開かれた国際都市でもあった。インドに興った仏教のほか、ネストリウス派のキリスト教やイランのゾロアスター教などの異国の宗教も盛んだった。

当時人口百万人といわれた世界的な大都会の長安で、真備は、儒教の古典、つまり『論語《ろんご》』と『孝経《こうきょう》』、「五経」の『詩経《しきょう》』『易経《えっきょう》』『書経《しょきょう》』『春秋《しゅんじゅう》』『礼記《らいき》』、「三史」の『史記《しき》』『漢書《かんじょ》』『後漢書《ごかんじょ》』、兵法書の『六韜三略《りくとうさんりゃく》』『孫子《そんし》』『呉子《ごし》』などを徹底的に学んだ。このほか築城学や建築学なども学んだようだ。

『続日本紀《しょくにほんぎ》』の真備薨伝《まきびこうでん》には、「遣唐使に従って入唐し、留学生として学業を受けた。経書と史書を研究し、多くの学芸に広く及んだ。わが朝の学生で唐で名をあげた者は大臣（吉備真備）と朝衡《ちょうこう》（阿倍仲麻呂）の二人だけである」と述べられている。

平安時代の『扶桑略記《ふそうりゃっき》』では、真備の勉学について、「学ぶところは三史・五経・名刑・算術・陰陽《おんみょう》・天文・暦道・漏剋《ろうこく》・漢音・書道・秘術・雑占の十三道に及び、そのすべてを窮《きわ》めた」と記している。

真備は現代の言葉で表現すれば、当時のマルチタイプの人間だったのである。

こうして十七年間勉学に努め、帰国の時を迎えた。しかし、阿倍仲麻呂は帰国が許されず、唐に留まることになった。仲麻呂は唐の太学に入って科挙《かきょ》の進士科の試験に合格、唐の官人の道へ進んでいたからだ。

真備は、中国に遣ってきた第九次の遣唐使船に乗って再び大海の波濤を越え、天平七年（七三五）やっと日本の都に帰り着いた。そして唐から持ち帰った唐礼三十巻・大衍暦経《だいえんれききょう》一巻・大衍暦立成十二巻・測影鉄尺一枚・樂書要録十巻などを天皇に献上した。

そのような功績が認められて真備は、大学寮の大学助《だいがくのすけ》（副学長）に抜擢され、学生四百人に対して五経・三史・明法・文章・算術・音韻・書道を教えた。これまで大学寮の教科のなかには「三史」はなかったが、真備は新しく教科のなかに「三史」を採り入れる改革を行った。こうして天平九年（七三七）には従五位下《じゅうごいのげ》を授けられ、中級貴族の仲間入りをした。この時期に真備は宮子《みやこ》皇太夫人付《こうたぶにんづき》の中宮亮《ちゅうぐうのすけ》（中宮職の次官）に任命された。時の政権を握っていた藤原四兄弟が相次いで「天然痘」に罹って亡くなり、代わって橘諸兄《たちばなのもろえ》が政権の座に就くと、真備は右京の警護に当たる右衛士督《うえじのかみ》（長官）に抜擢され、橘政権の政治顧問のような立場に置かれて重用された。

　大宰府の少弐《しょうに》（三等官）として北九州に左遷された藤原広嗣《ふじわらのひろつぐ》が、聖武《しょうむ》天皇の側近として活躍している僧の玄昉《げんぼう》と吉備真備の排斥を求めて、大宰府（福岡県）で反乱を起こすと、天皇は伊勢（三重県）へ向けて行幸に旅立った。広嗣は肥前（長崎県・佐賀県）の地で逮捕され、斬刑に処せられて広嗣の乱は治まったが、天皇の行幸は続き、伊勢から美濃（岐阜県）へ、さらに不破《ふわ》（関ケ原）へと向かい、山背（京都府）の恭仁郷《くにのごう》（京都府加茂町）に着いた。天皇は天平十三年（七四一）この地を「恭仁宮《くにのみや》」と定めるとともに、「全国に国分寺と国分尼寺を建立する」という詔《みことのり》を出した。さらに二年後の天平十五年（七四三）には、天皇は「紫《し》香楽宮《がらきのみや》」（滋賀県信楽町）の離宮に行幸になり、そこで「巨大な盧舎那仏像《るしゃなぶつぞう》を造る」と有名な大仏建立の詔を高らかに宣言した。

　この天皇の行幸に終始付き従っていた真備は、「文章博士《もんじょうはかせ》」の称号を贈られたうえ、阿倍《あべの》内親王《ないしんのう》の教育に当たる東宮学士《とうぐうがくし》に任命され、次いで東宮大夫《とうぐうだいふ》（長官）に昇進、天平十八年

（七四六）には「下道朝臣真備《しもつみちあそみまきび》」から「吉備朝臣真備」へ新しい姓《かばね》が贈られた。これまでの備中国の一つの郡の名に過ぎなかった姓が、備前・備中・備後・美作の総称としての「吉備」の姓が与えられ「吉備真備」となったのである。

このように順調な出世が続くなか、真備は突然、筑前（福岡県）の守《かみ》（長官）として赴任することを命ぜられ、さらにそのまま肥前（佐賀県・長崎県）の守として左遷された。この頃急速に力をつけてきた藤原仲麻呂《ふじわらのなかまろ》によって都を追われたのだった。一年八か月の肥前在任中は、広嗣の怨霊《おんりょう》を鎮める神祭りなどを行ったが、真備にとっては忍従の日々だった。天平《てんぴょう》勝宝《しょうほう》三年（七五一）になると、急に第十次遣唐使の遣唐副使として再び中国の唐に渡るよう命じられた。急ぎ都に帰った真備は、大使の藤原清河《ふじわらのきよかわ》、副使の大伴古麻呂《おおとものこまろ》らとともに中国へ旅立った。この時も南島路を経由して沖縄本島付近から大海の波濤を越え、浙江省寧波《せっこうしょうニンポー》に上陸した。そして杭州《こうしゅう》から大運河を北上し、洛陽・函谷関を経由して都の長安に至った。そこで阿倍仲麻呂と十八年ぶりに再会した。

唐の玄宗皇帝《げんそうこうてい》は、美人の誉れ高い楊貴妃《ようきひ》と温泉地の「華清池《かせいち》」で遊興にふけり、唐の政治にはかつてのような活力が失われつつあった。その翌年の正月元旦含元殿《がんげんでん》で行われた皇帝の朝儀では、朝鮮半島の新羅と日本との間で席次問題が起こり、日本より上席にあった新羅《しらぎ》の席を改めさせるというハプニングがあった。

真備たちは任務を終えていよいよ帰国することになり、途中、揚州に寄って有名な鑑真和《がんじんわ》上《じょう》を日本に招くことになった。鑑真和上は、すでに第九次遣唐使船で唐に来ていた普照《ふしょう》と栄叡《ようえい》の二人の若い留学僧から日本への渡海を要請され、これまで五回にわたって渡航を試みたが、その都度失敗し、しかも失明という不遇のなかにあった。鑑真和上は真備らからの改めての要請に対して、日本への渡航に強い熱意を示し、日本の遣唐使船に密航の形で乗船することになった。

こうして日本に着いた鑑真和上は、大仏が建立されたばかりの東大寺に戒壇を設け、天皇をはじめ僧侶たちに戒律を授け、日本の仏教界の秩序の建て直しを図った。

しかし、帰国したばかりの真備は、天平勝宝六年（七五四）藤原仲麻呂によって再び九州の地に左遷されることになり、大宰府（福岡県太宰府市）の大弐《だいに》（次官）として赴任することになった。

「遠《とう》の朝廷《みかど》」といわれた大宰府は、朝鮮半島や中国大陸との外交の窓口であり、日本防衛の要でもあった。朝鮮半島の新羅との関係が緊張を続ける一方、中国では「安禄山《あんろくざん》の乱」が起こって一層緊張が高まっていた。

真備は朝廷に上申して筑紫に「怡土城《いとじょう》」（福岡県前原市）を築くとともに、様々な防衛策を講じた。その一方では、教育にも力を入れ、大宰府政庁の隣にある「学業院《がくぎょういん》」を整備し、図書などの充実に努めるとともに、自ら教壇に立って後進の指導に当たった。

こうして真備は九年間大宰府で過ごし、天平宝字八年（七六四）ようやく造東大寺長官として都に帰った。時の政権を担っていた藤原仲麻呂が、弓削道鏡《ゆげのどうきょう》をめぐって称徳《しょうとく》天皇と対立し、反乱の動きを見せていたことから、称徳天皇は信頼する真備を急遽大宰府から呼び戻したのである。

やがて藤原仲麻呂（恵美押勝《えみのおしかつ》）が反乱に立ち上がると、真備は天皇側の軍略を指揮し、唐で学んだ兵法学を活かして仲麻呂軍を見事に打ち破り、わずか八日間で仲麻呂の乱を平定した。この功績によって真備は従三位に昇進、高級貴族に列せられて参議・中衛大将に任ぜられた。

この頃、独身の女帝と親しい関係になっていた弓削道鏡は、急速に政権の座に上りつめてきた。道鏡は女帝の病気の看護をしたのがきっかけで内裏《だいり》の奥深く入るようになり、女帝の信任を得て政治的にも出世を続け、遂に太政大臣禅師《だいじょうだいじんぜんし》の位を授けられた。

こうしたなかで真備は正三位で参議・中納言になり、さらに大納言に昇進した。この時、内裏十二門の一つの中壬生門《なかみぶもん》の西に二本の柱を立て、民からの訴えを聴くための看板を出した。うち一本には「官司に圧迫されている者は、この柱の下に来て訴えよ」と書かれ、もう一本には「民のなかで無実の罪を負わせられているものがあれば、この柱に来て訴え出よ」

と記されていた。これは極めてユニークな施策である。

真備の仕事として今一つ注目されるものに「麦作の奨励」がある。この頃、すでに麦作は行われていたが、米作りが不作で飢饉になった時に備え、中継ぎの作物として麦作を栽培することを奨励している。

天皇の道鏡に対する寵愛《ちょうあい》が益々盛んになるなかで、天皇は弓削道鏡を法王に据え、藤原永手《ふじわらのながて》を左大臣に、吉備真備を右大臣にそれぞれ任命した。以後五年間真備は、右大臣としての重責を担うことになった。この右大臣時代に真備は新しく「刪定律令《さんていりつりょう》」二十四条を作成するなどの政治改革に努めた。

そして、間もなく宇佐八幡宮から「道鏡を天皇にすれば天下は太平になる」という神託が朝廷にもたらされ、天皇の使いとして和気清麻呂《わけのきよまろ》が宇佐へ派遣されることになった。しかし、和気清麻呂が宇佐で聴いた神託は「天《あま》つ日嗣《ひつぎ》は皇緒《こうしょ》を立てよ。無道の者はよろしく速やかに除くべし」というものだった。道鏡が天皇になる野望は打ち砕かれたのだ。

宝亀《ほうき》元年（七百七十）女帝が亡くなった。急遽、天皇の後継を決める会議が開かれ、藤原氏の一派は、大智《しんじ》天皇系の白壁王《しらかべおう》（後の光仁《こうにん》天皇）を皇太子に立てることを決定した。

真備は、これまで通り天武《てんむ》天皇系の文室真人浄三《ふんやのまひときよみ》（智努《ちぬ》王）を皇太子に立てるべきだと主張したが、藤原氏が猛烈に反対したうえ、藤原永手が天皇の遺言を「宣命《せんみょう》」として持ち出し、強引に白壁王を皇太子に決めてしまったのである。

真備は藤原氏のこのような悪辣なやり方になす術がなく、まもなく政界を引退した。真備はその後備中国下道郡の大領《たいりょう》（長官）として故郷に帰り、小田川河畔の大きな岩の上で琴を弾いて余生を楽しんだと伝えられている。

亡くなったのは八十一歳。今その墓と伝えられるところが真備町箭田の丘にあり、地元の人たちは「吉備様」として篤く信仰している。実は吉備真備の墓と伝えられる所がもう一つある。奈良市高畑町の奈良教育大学構内にある「吉備塚」がそれだといわれている。この「吉備塚」は発掘調査の結果五世紀末から六世紀初めのものと見られ、吉備真備の墓とは考えられないが、古くから「吉備真備の墓」との伝承があり現場にはその説明板も建てられている。

二　菅原道真の生涯

菅原道真《すがわらのみちざね》は平安時代の承和十二年（八四五）に生まれた。生まれた場所については三説ある。一つは今の京都市上京区烏丸下立売下ル《かみぎょうくからすましもたちうり》の「菅原院天満宮」の地。ここには道真の父の菅原是善《すがわらのこれよし》の邸があった。もう一つは京都市下京区仏光寺通り西洞院東入ル《しもぎょうくぶっこうじどお》の「菅大臣神社《かんだいじん》」と近くの「北菅大臣神社《きたかんだいじん》」の地。ここには菅家の邸宅の白梅殿《はくばいでん》と紅梅殿《こうばいでん》とがあった。さらにもう一つは京都市南区西大路九条《にしおおじくじょう》の「吉祥院天満宮《きっしょういん》」の地。この地には「菅公胞衣塚《かんこうえなづか》」があり、母・伴《とも》氏の邸跡との伝承がある。

いずれとも決めかねるが、京の都で生まれたことは確かである。

菅原家は、代々学者の家柄であった。祖父の清公《きよきみ》は二十歳で文章生《もんじょうせい》となり二十九歳で大学《だいがく》少允《しょうじょう》となった。その四年後には遣唐判官《けんとうのじょう》として延暦《えんりゃく》二十三年（八〇四）最澄《さいちょう》、空海《くうかい》らとともに中国の唐に渡った。帰国後大学助（副学長）、さらに尾張（愛知県）介《すけ》（次官）を経て大学頭《だいがくのかみ》（学長）や文章博士《もんじょうはかせ》を歴任、天皇の侍講を務めたが、一方で宮廷の儀式、装束、位記などを唐風に改めるよう主唱し、学生の寄宿舎の「文章院《もんじょういん》」を設立した。従三位七十三歳で亡くなった。

父の是善《これよし》は、清公の第四子で、若くして文章得業生《もんじょうとくぎょうせい》となり、次いで大学助、大内記《だいないき》を歴任、やがて文章博士となる。その後、越後（新潟県）介、東宮学士を経て大学頭へと昇った。さらに左京大夫（長官）、刑部卿へと進み貞観《じょうがん》十四年（八七二）参議に任ぜられ、従三位に叙せられた。六十九歳で亡くなったが、多くの詩人・学者・官人を門下生として擁し、文徳・

清和の両天皇に『文選《もんぜん》』『漢書』『群書治要』などを講じた。『貞観格式』『日本文徳天皇実録』の編纂に参画するとともに、『東宮切韻』二十巻、『集韻律詩』十巻などの書を著した。

もともと菅原家の先祖は土師《はじ》氏である。その土師氏の祖先は天照大神の子の天穂日命《あまのほひのみこと》で、出雲臣《いずものおみ》の祖神である。天穂日命の十四代の子孫が相撲の元祖といわれる野見宿禰《のみのすくね》だ。垂仁《すいにん》天皇の御代に、力士の当麻蹴速《たいまのけはや》と力比べをし、肋骨《ろっこつ》を踏み折ったという伝説をもつ。その野見宿禰の子孫が土師氏で、代々土師器をつくるとともに、天皇の喪葬を司ることを業として古墳の築造なども行った。初め河内国志紀郡道明寺（大阪府藤井寺市）の通称「土師の里」といわれる地に定住していたが、やがて大和国添下郡菅原郷《そうのしもぐんすがわらごう》（奈良市菅原町）に定住するようになり、土地の名をとって菅原氏の姓を唱えるようになった。そして平安京への遷都とともに菅原氏も京都に本拠を構えるようになったものと思われる。

菅原道真は、このような先祖を持つ土師氏の子孫で、祖父・父とともに文章博士、大学頭を務める学問的な環境のなかで成長し、十五歳で菅原道真と名のるようになった。幼い頃から早熟の天才といわれ、十八歳で文章生、二十三歳で文章得業生となった。さらに貞観十三年（八七一）には外国使節などを担当する玄蕃助《げんばのすけ》（次官）、次いで少内記に任ぜられ、官人としてスタートした。

この年の暮れに加賀国（石川県）に渤海使《ぼっかいし》が着いた。翌十四年には、道真はその渤海使を案内する「存問渤海客使《ぞんもん》」に任命された。

貞観十六年（八七四）二十九歳の道真は従五位下に叙せられ、貴族の仲間入りをした。それからほどなくして道真は兵部少輔《ひょうぶのしょうふ》となり、次いで民部少輔《みんぶのしょうふ》となった。この頃の道真は、盛んに漢詩をつくるとともに、上位高官の人に頼まれて挨拶文や願文、各種序文などを盛んに代筆したが、その名文が多くの人々の話題になった。

その道真も遂に文章博士になった。元慶《がんきょう》元年（八七七）のことである。祖父の清公、父の是善に次ぎ三代続けて文章博士になったのである。

道真は急に忙しくなった。

例えば、天皇の喪服のことに関して意見をまとめ上奏する。清和上皇の勅命により清和院における大法会の願文を書く。元慶寺の鐘に刻む銘文をつくる。摂政・藤原基経《もとつね》の「朔旦冬至《さくたんとうじ》」を祝う賀文を書く。『文徳実録《もんとく》』の序文を基経に代わって書く。

といった具合である。文章博士としての本来の仕事もあり、大学での『後漢書』の講義もこなさなければならない。このような多忙な生活が始まる。

そうしたなかで父の是善が元慶四年（八八〇）六十九歳で亡くなった。父が経営していた私塾の後を引き継がなければならなくなった。

元慶五年（八八一）道真は、「秀才」になるための「方略試《ほうりゃくし》」つまり学者として世に出るための関門の試験「方略試」の試験官となった。

元慶八年（八八四）光孝天皇《こうこう》は、「太政大臣に職掌があるかどうか」について八人の学者に意見を求めたが、道真は日本と唐との例などをあげて職掌のないことを明快に述べた。

こうしたなかで仁和《にんな》二年（八八六）道真は突然に讃岐《さぬき》（香川県）守（長官）に任ぜられた。これはこれまでの式部少輔、加賀権守などの官を辞め、任地に赴かなければならないのだ。これは明らかに左遷であった。都会育ちの道真にとってはやはり大きなショックだったに違いない。時に四十二歳であった。地方への転任の理由は明らかではないが、道真のあまりにも早い出世に周囲の政治家や学者が道真を一時外に出して菅家の勢力を押さえようとしたこと、元慶八年の太政大臣の職掌の問題があまりにも明快で、その結論が天皇や大臣に歓迎されなかったことなどが影響したものと見られる。

讃岐国府跡（香川県坂出市）

讃岐に赴任する道真の送別の宴で時の太政大臣藤原基経《もとつね》が「明朝風景、何人にか属す」と吟じ、さらに道真に高く吟じさせようとしたが、道真は心神迷乱してわずか一声を発したのみで嗚咽した。宴が終わって家に帰ったが終夜眠れなかった、と述懐している。

讃岐の国は、四国の玄関にあたる国で、上国であったが、海を渡らなければならない。道真は『老子』『白氏文集《はくしもんじゅう》』『漢書』『後漢書』など十冊ばかりの書物を携え、五、六人の従者を連れて、明石（兵庫県明石市）から船で讃岐国庁（坂出市府中町）に着いた。これから彼の四年間の地方暮らしが始まるのだが、都会とは勝手が違う生活に戸惑いながら、八十九郷からなる讃岐の国守としての任務に務めた。こうしたなかで道真は、讃岐地方の庶民の生活実態を描いた「寒早《かんそう》十首」という連作の漢詩を書いた。これは唐の白居易《はっきょい》の五言律詩「春の深きに和す」二十首にヒントを得て作ったもので、平安時代の「貧窮問答歌《ひんきゅうもんどうか》」といわれている。

仁和三年道真は一時都に帰って再び讃岐に戻ると、その年は雨が降らず稲作が全滅になる恐れがあった。道真は国庁の西にある城山《きやま》に登って「雨乞い」を祈願した。すると不思議にも黒い雲が山頂を覆い、大粒の恵みの雨が降り出した。今も讃岐地方に伝えられている「滝宮念仏踊り」（綾歌郡綾南町）や「南鴨念仏踊り」（仲多度郡多度津町）などは、道真の雨乞い祈願にちなんだ祭りである。

こうしたなかで都では仁和三年（八八七）光孝天皇の病が重くなった。このため光孝天皇は、第七子の源定省《みなもとのさだみ》を皇太子にした。これは源定省の母が藤原氏の出でないことから源定省を皇太子にすることによって、藤原氏の勢力を牽制する狙いがあった。天皇の崩御とともにこの皇太子が宇多《うだ》天皇として即位した。宇多天皇は文章博士の橘広相《たちばなのひろみ》を側近として万事をとりはからせた。同時に太政大臣の藤原基経にも気を使って「関白」とした。

この時、朝廷を揺るがす「阿衡《あこう》事件」が起こった。

基経はこれまでの慣例に従っていったん「関白」を辞退した。これに対して基経の辞退をしりぞける天皇の勅答を、これも慣例に従って橘広相が起草し基経に賜った。この勅答のなかに「宜しく阿衡《あこう》の任を以て卿《けい》の任となすべし」という一文があった。

これを見た基経の家司《けいし》で式部少輔の藤原佐世《ふじわらのすけよ》は「阿衡はただ位であって職掌ではないから、基経は政治に与るべきでない」と主張した。それ以来基経は一切政治に携わらず政務は渋滞、天皇は困り果てた。学者の間でも大論争が起こった。

このことを讃岐で伝え聞いた道真は、急遽上京し、学者としての立場から広相を弁護し基経を戒める意見書を提出した。前半の文は広相の見解を正当とし、後半の文では基経の功績を讃え前途を憂えながらも基経を戒めるものだった。しかし、天皇は、結局、問題の一文を書き改め、基経がこれを了承して事件は落着したのである。

道真は寛平《かんぴょう》元年（八八九）任期を終えて都に帰り、以後宇多天皇の篤い信任のもとで急速に出世していく。「阿衡事件」の解決に示された道真の才能を高く評価した宇多天皇は、橘広相に代わって道真を自らの理想政治を実現するために大いに活用しようとしたのだ。道真は寛平三年天皇の政務全般を司る蔵人頭《くろうどのかみ》、次いで式部少輔、左中弁を兼務した。さらに左京大夫となり、寛平五年には式部大輔を兼ねて参議に任ぜられた。

その時、宇多天皇は「数年のうちに譲位をしたい、そのため敦仁《あつぎみ》親王を皇太子に立てたい」と道真一人に相談した。道真は参議になったばかりであり、その上司には左大臣源融《みなもとのとおる》、右大臣藤原良世《ふじわらのよしよ》、大納言源能有《みなもとのよしあり》、中納言源光《みなもとのひかる》、藤原諸葛《もろかつ》、藤原時平《ときひら》がいるのに、こんな重大事を道真一人に相談したのは異常である。宇多天皇は早く敦仁親王を皇太子に決め、やがてその皇太子を天皇として即位させ、自らは「院政」のような形で藤原氏の権勢を押さえ込もうとしたものと見られる。それが相談できるのは、信任の篤い道真しかいなかったのであろう。このことは逆に藤原氏の警戒感を強め、後の道真左遷の大きな遠因となった。

寛平六年（八九四）になると、道真は遣唐大使に任命された。副使は道真と親しい紀長谷雄《きのはせお》であった。この人選は第一級の文人をあてたものであったが、承和《しょうわ》五年（八三八）以来五十六年ぶりの派遣であった。しかし、派遣先の唐の疲弊が甚だしかったうえ、その派遣の経費も膨大になることから、今、遣唐使を派遣しなければならない理由はなにもなかった。

そこで道真は、遣唐使派遣の可否を論じて欲しいという奏上文を出した。これを受けてやがて遣唐使の派遣が論議され停止されることになった。

道真は寛平六年（八九四）五十一歳で中納言に任命され、従三位に昇って高級貴族に列せられた。さらに東宮権大夫、民部卿を兼ねた。

寛平八年（八九六）道真は、検税使《けんぜいし》の可否を評議すべきだとする奏上文を提出した。これは讃岐守としての経験をもとにして検税使が必要でないことを説き、地方の民の福祉を重視することを述べたものである。

道真はその後も出世を続け、寛平九年（八九七）には権大納言《ごんのだいなごん》に任ぜられ、右大将を兼務した。そうしたなかで三十一歳の宇多天皇は、いよいよ十三歳の皇太子の敦仁親王に譲位した。新しい醍醐《だいご》天皇の誕生である。

宇多上皇は大勢の従者を引き連れて宮滝《みやたき》へ行幸、道真もこれに同行した。そして昌泰《しょうたい》二年（八九九）二月道真はいよいよ右大臣に任命された。学者文化人としては異例の出世である。この時、藤原時平は左大臣となった。

都では宇多上皇の第三子の斉世《ときよ》親王が元服した。その翌年の昌泰三年（九〇〇）には道真の娘の露露子《ろろこ》が、斉世親王の妃として入室した。

このまま宇多上皇の「院政」が始まるかと思われた。しかしその年の秋、醍醐天皇の室に配されていた宇多上皇の妹が突然産褥死する不幸に見舞われ、事態は流動化した。その機をとらえた藤原時平は、代わりに醍醐天皇のもとに自分の妹を入内させることに成功し、一気に醍醐天皇の摂政のような立場を確立した。

このように宇多上皇・菅原道真に対して醍醐天皇・藤原時平が次第に権力基盤を固めつつあるなかで、宇多上皇が「院政」を進めたいという企ては、結局、実現不可能となった。そんな事情もあってか、宇多上皇は突然出家し、仏門に入ってしまった。道真にとっては大きな痛手だった。

延喜《えんぎ》元年（九〇一）正月七日、時平と道真は相並んで従二位を授けられた。しかし、破局はその月のうちに生じた。正月二十五日、道真は突如として大宰府の権帥《ごんのそち》に左遷されることになったのだ。職分もなければ得分（俸給）もない、流罪同様の都からの追放だった。

左遷の理由は、止足の分を知らず、専権の心があり、前上皇を欺き、廃位を行って、父子の慈を離間し、兄弟の愛を奪おうとする、と述べられている。上皇を欺いて廃位を企てる具体的な事項は不明だが、天皇の弟である斉世親王の室が道真の娘であることから、道真には斉世親王を醍醐天皇に代える企てがあったと解釈されたのである。

道真にとってはまったく身に覚えのないことだったが、道真はこの年の二月一日、早くも京を発ち、大宰府へ向かった。

途中、河内国（大阪府）の土師の里の道明寺に立ち寄って叔母の覚寿尼《かくじゅに》に会い、明石を経て主に瀬戸内海経由で大宰府に着いた。そして悶々の日々を過ごしているうちに、その体は次第に病魔にむしばまれて行った。そして延喜三年（九〇三）二月二十五日、道真は五十八歳の生涯を閉じた。その遺体を牛車で運ぶ途中、牛車が止まって動かなくなった。これは霊のお告げと信じてその場所に埋葬した。二年後に祠廟が建てられ、これが現在の太宰府天満宮となったのである。

三　共通点と相違点

吉備真備と菅原道真とは誕生で百五十年の開きがあり、時代も異なっているために、単純な比較は困難であるが、それにしてもかなり共通する点がある。もちろん相違する点も数多くあるのだが、まずそのうち共通する点から見ていきたい。

平安時代の菅原道真とほぼ同時代の三善清行《みよしのきよゆき》は、昌泰二年（八九九）道真が右大臣に昇った時、道真に対して右大臣の職を辞任するよう勧告する書状を送った。そのなかで清行は次のように述べている。

「尊閤《そんこう》（菅原道真）は、翰林（学門の家）より挺して（身を立てて）槐位（大臣）にまで超昇せらる。朝（朝廷）の寵栄（信任が篤く）、道（学問の道）の光華（華やかな輝き）は、吉備公の外には、また美を与《とも》にするもの無し」

菅原道真公の学者としての栄誉を讃え、それは奈良時代の学者文化人として讃えられた吉備真備公の外には未だ並び称されるものがない、と述べたものである。

三善清行は道真より二年後れて下級官人の家に生まれ、学問研鑽の志を抱いて巨勢文雄《こせのふみお》に師事した。貞観十五年（八七三）二十七歳で文章生となり、翌十六年文章得業生に選ばれた。元慶五年（八八一）方略試を受験したが、策問者の道真によって落とされ、二年後にようやく及第した。宇多天皇の即位にともなって起こった「阿衡事件」では基経を擁護する論陣を張り、道真とは対立した。備中（岡山県）介《すけ》（次官）などを歴任し、昌泰三年（九〇〇）五十四歳の時に文章博士となった。晩年には社会政策に対する提言として「意見封事《いけんふうじ》十二箇条」を上奏している。

道真の後を追うようなかたちで三善清行は文人官吏の道を歩むが、道真とは不仲だった。清行のこんな経歴から見ると、道真に対する辞職勧告は、やはり相当意地の悪い勧告だったように思われる。

しかし、当時の大学者だった三善清行が、菅原道真を吉備真備と共通する当代きっての学者文化人と讃えたことから、後世に吉備真備と菅原道真とは比較して語られることが多くなった。確かに二人とも学者文化人として身を立てながら、右大臣にまで昇りつめた点で共通しており、これまでの藤原一門とは違った異色の存在であった。清行はこのことを強調したのだ。

二人がともに博士になったのも共通しており、その学問的な基礎が儒学に置かれていたことも共通している。吉備真備が大納言の時に中壬生門の二本の柱に布告を出して民の訴えを直接聴こうとしたことは、真備の精神的なバックボーンが儒学の「仁」の思想に裏打ちされた徳治主義によるものであることを示している。菅原道真が讃岐で民の生活実態を描いた「寒早十首」の漢詩をつくったこと、後に検税使の廃止を説き、民の福祉を重視したこと、このことは道真の精神を支えたものがやはり儒学の「仁」の思想であることを端的に物語っている。二人とも「民」に眼が注がれている点で共通しており、二人の大きな特徴だ。そのような思想のもとで二人はともに政治改革に努めている。

さらに二人は三史といわれる歴史にも造詣が深かった。真備が大学寮のカリキュラムのなかに「三史」を加え、学生に講義したのが、五経・三史・明法・文章・書道などであったのに対し、道真が文章博士の本業として講義したのが『後漢書』であるうえ、『三代実録《さんだいじつろく》』を含め『類聚国史《るいじゅうこくし》』の編纂に携わっている。二人の歴史に対する認識が如何に深いものであったかを物語る。

二人が教育者としての一面をもっていたのも大きな特徴だ。真備は留学から帰った後、大学助（副学長）として大学寮の学生四百人の指導に当たった。東宮学士として皇太子阿倍内親王の教育にも携わった。大宰府では学業院で学生の教育に当たり、奈良に子弟の教育を行う「二教院《にきょういん》」を設立したことも知られている。

道真は皇太子の淳仁親王の教育係を務め、父是善が開いた私塾で門下生の教育に当たった。文章博士として『後漢書』を講義したことは先に述べた。

二人が右大臣にまで出世した秘密は、時の天皇の篤い信頼を勝ち得ていたことによることが大きい。真備の後ろ盾となって終始真備を見守り引き立ててきたのは、女帝の称徳天皇（孝謙）であった。道真の場合は宇多天皇であった。真備は称徳天皇が病気で亡くなってから政界を引退した。道真は宇多上皇が出家して政治の舞台から身を引いた時、大宰府への左遷が決定されたといえる。こんなことも何となく共通している。

天皇との信頼関係のなかで出世した二人だが、時の政権を掌握していた藤原氏との関係は微妙だった。二人とも生涯の大半は、藤原氏とは付かず離れず「一歩距離をおく」ような関係を維持してきたが、最後の局面に至って藤原氏とは決定的な対決となった。このことも不思議に共通している。

吉備真備は筑前守・肥前守・大宰大弐（次官）に左遷されたが、都に返り咲き、藤原仲麻呂（恵美押勝）を討って大納言から右大臣へ昇った。しかし、崩御された称徳天皇（孝謙）の後継をめぐる政争では、結局、藤原氏の謀略に翻弄されて真備が敗北した。真備はその後、政界を引退し、伝承ではふるさとに帰ってその地で亡くなった。菅原道真は讃岐守として左遷されたが、「阿衡事件」で宇多天皇の信頼を得て都に帰り、やがて右大臣に昇った。しかし、この時点から藤原氏との確執が生じ、結局、藤原氏の陰謀によって敗北、大宰府に左遷されて、その地で悶々のうちに亡くなった。

しかし、二人には実は相違点の方が多いのだ。

その一つは、出自の違いである。

吉備真備は、都を基盤とした大和の名族の出身ではなく、吉備地方の下道氏《しもつみちし》という豪族の出身である。まず『古事記』によると、下道臣《しもつみちのおみ》は、孝霊《こうれい》天皇の皇子・大吉備津日子命《おおきびつひこのみこと》の異母弟の若日子建吉備津日子命《わかひこたけきびつひこのみこと》を祖とすると書かれている。下道臣は皇族の子孫となっているが、果たしてそうなのか、疑問が残る。これに対して『日本書紀』の応神天皇の条には「天皇が吉備の兄媛《えひめ》を追って葦守宮《あしもりのみや》（足守宮）にお出でになり、吉備国を割いて御友別《みともわけ》一族に治めさせた」との記事がある。このうち「長子の稲早別《いなはやわけ》には川島県《かわしまあがた》を分けて治めさせた。これが下道臣の先祖である」と記録されている。こちらの記録が史実に近いのではないか。御友別は吉備の元からの在地の豪族と考えられるのだ。だから下道臣はその御友別一族の子孫ということになる。さらに『日本書紀』によると、雄略天皇の時代には下道臣前津屋《さきつや》が大和の天皇に対して反乱を起こそうとしたために、天皇側近の物部《もののべ》の兵士によって下道臣一族七十人が全員誅殺《ちゅうさつ》される事件が起きている。

いずれにしても吉備真備は、大和の名族ではなく、大和に対抗する吉備の下道氏を祖先とする。真備ももとは下道真備といわれていたからである。下道氏は六世紀代の吉備王国のなかでは依然として有力な豪族の一つで、国史跡の巨大な「箭田《やた》大塚古墳」を残しているが、六世紀末から七世紀末にかけて全国の統一を進める大和王権に侵略され、その支配下に組み込まれた。古代吉備は備前・備中・備後の三つの国に分割され、さらに備前から美作が分離されたが、このうち備中国のなかの一つの郡が下道郡で、その下道郡の郡司クラスの下道《しもつみち》圀勝《くにかつ》が真備の父である。圀勝は都の右京の警護にあたる右衛士少尉《うえじしょうじょう》で、位は正七位上相当の下級武官であった。

真備は、吉備の文化的な風土のなかで成長し、一人で勉学に努めたが、本格的な学問の研鑽は、在唐十七年間に培われたと考えられる。

これに対して菅原道真は、天照大神の子の天穂日命《あまのほひのみこと》を祖とする土師《はじ》氏が出自である。大国《おおくに》主命《ぬしのみこと》の国譲りの時、天穂日命は高天原《たかまがはら》から降ったが、大国主命に媚びへつらって復命することができなかった。だが、大国主命が国譲りした後、大国主命の祭祀を司《つかさど》ったのが天穂日命とされている。この天穂日命は出雲臣の祖といわれ、出雲出身の土師氏の祖ともされている。その土師氏の十四世の子孫が野見宿禰《のみのすくね》で、当麻蹴速《たいまのけはや》と相撲をとって勝ち、相撲の元祖といわれるようになったことは先に紹介した。このような神話時代の逸話は、そのまま史実とは受け取れないが、土師氏は主に喪葬を司る豪族として大和を中心に活躍していた。古墳の築造にも携わっていたものと見られ、これまでの殉死の風習をやめて代わりに埴輪を建立するようになったとする伝承がある。その後、大和国添下郡菅原郷（奈良市菅原町）に住み、その地名をとって菅原姓を名乗るようになった。大和の名族ではないが、祖父の菅原清公《きよきみ》、父の菅原是善《これよし》は、ともに従三位の高級貴族で文章博士を務め大学頭《だいがくのかみ》（学長）となった。当代に並びなき学者として広く名前を知られる存在であった。道真はこのような学者の家系に生まれ、学問的な環境のなかで成長した。

この点が吉備真備と菅原道真との大きな違いである。

その出自の違いが二人の出世に大きな差を生じさせた。真備が従五位下に昇って貴族の仲間入りをしたのは四十二歳。道真が従五位下に進んだのは三十歳で十二歳も早く貴族となっている。真備が高級貴族の従三位になったのは七十歳、道真が同じ位になったのは五十一歳。真備が右大臣に昇ったのは七十二歳で、かなりの高齢である。これに対して道真が右大臣になったのは五十五歳という若さであった。真備に比べると道真の出世が如何に早かったかがわかる。

　次に二人には体験の違いがある。

　吉備真備が十七年間も中国大陸の唐という異国の地にいたこと、藤原広嗣の乱の後、筑前守、次いで肥前守として左遷されたこと、そして今度は遣唐副使として再び唐に渡ったこと、帰国後大宰府に左遷され、九年間の地方生活を送ったことなど、厳しい体験の連続だった。その間の真備の苦労も並大抵ではなかった。

　これに対して菅原道真は特別の学校に入らなくても祖父や父から学問を教えられ、祖父や父の門弟から学ぶことも出来た。祖父や父の学問的な素質と伝統を忠実に受け継ぎ、その素質と才能を充分に発揮させたといえる。

　その道真には、中国へ渡ったという経験がない。彼の行動範囲は日本の国内に限られていた。若い頃、一度加賀に赴いたこと、讃岐守として四年間赴任したこと、宇多上皇に従って宮滝に出かけたことを除き、ほとんどを都のなかで過ごしている。四十歳位までは学問一筋であった。

　吉備真備のその学問は、中国の唐へ向かって貪欲なまでに学び摂取することに限りない情熱を傾けた日本の奈良時代の姿そのものであった。遣唐使時代の象徴が吉備真備である。これに対し菅原道真の学問は、唐から学ぶべきものはもう何もない、これからは唐の文化を如何にして日本の風土に定着させるか、日本的な固有の文化を如何に創造するか、そのような平安時代の要請に応えるものであった。遣唐使の派遣を廃止したのが菅原道真であることは、そのことを端的に示している。時代と環境の差が、学問を学ぶ姿勢の差異となったと考えられる。

二人の学問は、儒学と歴史を基礎にしたものだったが、真備が日本の政治や生活に役立つ実学を主として学び、例えば算術・天文学・暦学・兵法・築城・建築などを修めたのに対して、道真は幼い頃から漢詩文を学び、その方面の才能を大いに発揮した。これも二人の大きな違いである。

真備が学んだのは実学だけで、真備には詩文がまったくないといわれているが、ただ一首だけ、在唐時代に詠んだと思われる次のような漢詩がある。

隻影嗟為客　隻影《せきえい》客たるを嗟く
孤鳴復幾春　孤鳴《こめい》復《ま》た幾春《いくはる》ぞ
初成照膽鏡　初めて照膽《しょうたん》の鏡を成し
遙憶画眉人　遙かに画眉《がび》の人を憶《おも》ふ
舞鳳帰林近　舞鳳《ぶほう》は帰林《きりん》近く
盤龍渡海新　盤龍《ばんりゅう》は渡海《とかい》新《あら》たなり

減封待還日　減封《かんぷう》して還日《かんじつ》を待ち
披払鑒情親　披払《ひぶつ》して情親《じょうしん》を鑒《うつし》みん

これに対して道真は、すでに五歳の頃から歌をつくり始め、十一歳の時には、次のような五言絶句を詠んだ。

月耀如晴雲　月の耀くは晴れたる雪の如し
梅花似照星　梅花は照れる星に似たり
可憐金鏡転　憐れむべし金鏡の転《かひろ》きて
庭上玉房馨　庭上に玉房の馨れることを

これはほんの一例に過ぎないが、菅原道真がつくった詩文はおびただしい数にのぼる。それらの詩文は『菅家文章』に収められているが、いずれも人々の心に強く訴えかける優れた詩で、道真が並々ならぬ詩人であったことを物語る。とても吉備真備がまねのできることではなかった。

このように見てくると、真備は実学に重点を置いた学問を修め、広く国際的な視野のなかで多様な知識や技術を身につけ、奈良時代の国家形成の基礎づくりに大きな貢献をしたと考えられる。道真は儒学や歴史の知識に加え、詩文に優れた才能を発揮し、後に華麗に花開く平安時代の日本的な固有文化を創造するための基礎づくりをしたということができる。

さらに吉備真備と菅原道真との家族関係も異なっている。真備は妻は一人で、子どもは長女と長男と二男の三人である。真備が書いた『私教類聚《しきょうるいじゅう》』という家訓には、正妻一人で側室を持ってはならない、と述べているように、生涯の伴侶は正妻一人であったと思われる。これに対して道真は、正妻の宣来子のほかに八萩《やはぎ》と波鳥《はとり》という二人の側室の名前が知られている。その三人の女性が生んだ子は、正妻の長子の高視を含め合わせて十四人を数えており、このうち三人が女の子であった。そして正妻の子の沙沙《ささ》は宇多天皇の女御《にょうご》となり、側室波鳥の子の露露子《ろろこ》は宇多天皇の皇子の斉世《ときよ》親王の妃となっている。

このうち斉世親王の妃として道真の娘が入ったことが、醍醐天皇を降ろし斉世親王を天皇として擁立する企てと疑われ、道真左遷の一つの原因ともなった。

真備は長女の由利《ゆり》を孝謙天皇の信任篤い女官にはしたが、皇室の妃には入れていない。皇室に妃を入れることが如何に藤原氏の警戒心を高めるか、道真は配慮することができなかったのである。

四　政治的失脚と死

吉備真備は、遣唐副使として帰国するとすぐ大宰府へ左遷された。遣唐副使として大任を終え、帰国したばかりだというのに、すぐ大宰府へ赴任せよというのは、あまりにもひどい人事ではあるが、この左遷で決定的なダメージを受けることはなく、真備は直ちに大宰府へ赴任した。決して自暴自棄にならず、筑前に「怡土城《いとじょう》」を築くなど日本の防衛対策に努めた。九年間の大宰府生活の後、造東大寺長官として都に帰り、見事に政治的な復活を果たした。都では藤原仲麻呂（恵美押勝《えみのおしかつ》）の反乱を平定する天皇側の軍略を指揮し、わずか八日間でこの乱を平定した。

藤原氏との軍事対決に勝利した真備は、右大臣に昇り、その重責を五年間担うことになった。

その真備は、もう一度藤原氏と対決する。それは称徳天皇（孝謙）が崩御した時、その後継をめぐる政争である。独身の称徳天皇には子がなく、後継の天皇を誰にするかは大きな問題だった。真備はこれまで通り天武天皇系の文屋真人浄三《ふんやのまひときよみ》（智努王《ちぬ》）が最もふさわしいと提案したが、左大臣の藤原永手《ふじわらのながて》・藤原百川《ふじわらのももかわ》・藤原良継《ふじわらのよしつぐ》らはこれに猛烈に反対した。こんな状況のなかで文屋真人浄三は、真備からの要請に対して固く辞退して受けようとしなかった。真備はやむを得ず弟の文屋真人大市《ふんやのまひとおおいち》を推薦したが、彼もまた固辞した。

そのうちに藤原永手や藤原百川らは、天皇の遺言と称する「宣命《せんみょう》」を持ち出し、強引に天智天皇系の白壁《しらかべ》王を皇太子にすると発表した。その「宣命」が本物かどうか、大いに疑問がある。

天皇は二か月間病床にあり、天皇のもとへ出入りが許されたのは、真備の長女の由利しかいなかった。たとえ藤原永手といえども天皇の病床には入ることができなかった筈である。この天皇の遺言と称する「宣命」は偽物であった可能性が大きい。真備はそんな藤原氏の悪辣な陰謀をすっかり見抜いていたが、如何ともなしえなかった。

「長生きすれば恥多しとはこのことか」

といって嘆いたと伝えられている。

これは一種の政変であった。真備は藤原氏との対決に敗れたのである。しかし、政変とはいえ真備の個人としての事件としてはそれほど大きな事ではなかった。すでに七十七歳の高齢で、早くから引退を決意していただけに、やっと重荷が下りたといった感慨だったのではなかろうか。

真備はやがて右大臣を辞し、四年後の宝亀六年（七七五）十月二日この世を去った。八十一歳であった。人生をまっとうした人物の大往生であった。

真備には死後幾つかの伝説が生まれた。「真備は地方豪族の出身でありながら、右大臣にまで昇ったのは何故か」が人々の関心の的となり、それは何か特殊な「超能力」によるものだ、とする物語がつくられ、それが伝説となって語り継がれて来たのである。

このうち平安時代の大江匡房《おおえのまさふさ》が藤原実兼《ふじわらのさねかね》に筆録させた『江談抄《ごうだんしょう》』には、その吉備真備の在唐時代の奇怪な物語が載っている。その内容は、中国の『文選《もんぜん》』という難解な書物を見事に読み解いたとか、唐の名人との囲碁の勝負に勝ったとか、「野馬台詞《やまだいし》」という乱文を漢詩として読み通したとか、太陽と月を双六《すごろく》の筒に封じ込めたとか、真備の「超能力」ぶりが語られている。このような伝説から真備は陰陽道の達人とされ、平安時代に活躍する安倍晴明の陰陽道の元祖のような系譜が作成された。鎌倉時代初期には『江談抄』の物語を基に「吉備大臣入唐絵巻《きびのおとどにっとうえまき》」が描かれ、スーパーマンのような吉備真備像がつくられた。

このような吉備真備に対して菅原道真の場合は大きく事情が異なっていた。

真備と異なり道真にとって大宰府への左遷は大きな衝撃だった。五十五歳で右大臣となり、その二年後の出来事だったからである。

吉備大臣入唐絵巻の一部（やかげ郷土美術館蔵）

政敵は若き藤原時平《ふじわらのときひら》だ。時平は、道真が宇多天皇の篤い信任のもと日の出の勢いのように出世していくのが我慢ならなかった。藤原氏はこれまで培ってきた権力が道真によって奪われるのではないか、と危機感を強めていた。歴代にわたって大臣を務め常に政権の座にあった藤原氏とは異なって菅原氏は単なる学者の家系に過ぎないではないか。なまじっか学問が出来るからといって右大臣にまで昇るのは身の程知らずではないか――。

このように考えた藤原時平は秘かに道真を貶《おとし》める機会を狙っていた。だが、道真はそれに気づいていなかった。三善清行から辞職を勧告する書状を受け取っても、それに従うことなく、右大臣を続けた。昌泰二年（九〇一）正月、道真は時平とともに従二位に叙せられた。天皇の信頼はまだまだ篤い、道真は自信を深め、胸を張って堂々と任務を遂行し懸案の政治改革に努めることを心に誓ったのではないだろうか。

しかし、この時、藤原時平の陰謀は最後の仕上げに入っていた。

時平としては、道真を貶めるには若き醍醐天皇を何としても味方につけなければならないが、それにはどうしたらよいか。思いを巡らせているうちに、道真の娘が、醍醐天皇の弟の斉世親王の妃として入ったことが頭に浮かんだ。「これぞ」と時平は考えた。

「道真は醍醐天皇を廃して斉世親王を皇位に就けようと企てている。その証拠に娘を弟君の妃として入れている。早く手を打つべきだ。そのチャンスは宇多上皇が出家して仏門に入った今しかない」

このような時平の陰謀に乗せられた醍醐天皇は、天皇の名において即座に道真左遷の決定を下した。表面上はさりげなく、ちょっと手のこんだ二人だけの密室での画策だった。それだけに道真本人はもとより周囲の諸臣たちもアッと驚いた。

これまでの歴史で見ると、藤原氏の謀略はいずれもしたたかで、抜け目がなく、悪辣である。真面目一筋、実直で気の弱い道真に対しては、藤原氏の謀略は極めて簡単な朝飯前のことだったかも知れない。

このようにして道真は決定的に敗北した。

だが宇多上皇はこのことの相談を何も受けていなかった。

宇多上皇は急ぎ醍醐天皇に面会すべく内裏をめざして馳せた。しかし入り口の門が閉ざされ、固く警護されていて中に入ることが出来ない。やむを得ず上皇は門前に座り込み、暗くなるまで頑張ったが、遂に諦めたということである。時平の命を受けた藤原菅根《ふじわらのすがね》が閉門を指示していたのだ。藤原氏の周到な計画が窺われる。

道真の左遷にあわせて道真の息子で大学頭《だいがくのかみ》の高視《たかみ》は土佐（高知県）介へ、式部丞《しきぶのじょう》の景行は駿河（静岡県）権介《ごんのすけ》へ、右衛門尉《うえもんのじょう》の兼茂《かねしげ》は飛騨（岐阜県）権掾《ごんのじょう》へそれぞれ左遷され、文章得業生の淳茂《あつしげ》は播磨（兵庫県）へ流された。

醍醐天皇の名による道真左遷の宣命である。天皇の宣命とあらば赴任せざるを得ない。道真に同行するのは味酒安行《まさけのやすゆき》、別の名を白大夫《しらたゆう》と呼ぶ白髪の老臣ただ一人であった。道真は邸宅の「紅梅殿」を後にした。

東風《こち》吹かば　匂ひおこせよ　梅の花　主《あるじ》なしとて　春を忘るな

道真は「紅梅殿」の庭に咲いた梅を見て歌った。

明石の辺りから瀬戸内海を船で西に下り、途中幾つかの港に泊まりながら、やがて大宰府に着いた。政庁の近くの右郭《うかく》十条（今の榎寺《えのきでら》）が宿舎に当てられた。

その翌年の九月十日、重陽《ちょうよう》の日の翌日、道真は一首の詩をつくった。

去年今夜侍清涼　去年の今夜清涼《せいりょう》に侍《じ》す
秋思詩篇独断腸　秋思《しゅうし》の詩篇独り断腸《だんちょう》
恩賜御衣今在此　恩賜《おんし》の御衣《ぎょい》今此に在り
捧持毎日拝余香　捧持《ほうじ》して毎日余香《よこう》を拝す

去年の今夜、宮中の清涼殿で詩会が催され、天皇から「秋思」の勅題が出された。その時に道真がつくった「秋思」の詩がたいそう優れていると醍醐天皇からお褒めにあずかった。しかし今は蟄居《ちっきょ》の境遇、はらわたが断ち切れんばかりの悲しい思いだ。天皇から賜った御衣を今も大切に保存し、その衣を捧げ持って天皇の移り香を拝している。

道真は醍醐天皇の勅によって左遷されながらも、その天皇を今でもお慕い申しています、と天皇への忠節の心情を歌い上げるのだ。

蟄居の身の道真は次第に病にむしばまれていく。道真は当時の心境を次のように歌っている。

一従謫落在柴荊
万死兢兢跼蹐情
都府楼纔看瓦色
観音寺只聴鐘声
中懐好逐孤雲去
外物相逢満月迎
此地雖身無撿繫
何為寸歩出門行

一たび謫落《たくらく》せられて柴荊《さいけい》に在りしより
万死兢兢跼蹐《ばんしきょうきょうきょくせき》の情
都府楼は纔《わず》かに瓦の色を看
観音寺は只だ鐘の声を聴くのみ
中懐《ちゅうかい》は好し遂《お》わん孤雲《こうん》の去るを
外物《がいぶつ》は相逢う満月の迎うるに
此の地《ち》身《み》の撿繫《けんけい》せらるること無しと雖も
何為《なんす》れぞ寸歩《すんぽ》も門を出でて行かん

蟄居の身であれば一歩たりとも外へ出ることなどがないとその心境を歌うのである。

それから間もなく延喜三年（九〇三）二月二十五日、道真は孤独のなか異郷の地でこの世を去った。五十八歳であった。

道真の死から五年後の延喜八年十月、疫病のため参議の藤原菅根が死んだ。その翌年の延喜九年四月四日には働き盛りの藤原時平が三十九歳で亡くなった。恨みをもって死んだ道真の怨霊《おんりょう》による祟《たた》りではないか、と都ではささやかれた。それから十四年目の延喜二十三年（九二三）時平の妹穏子《おんし》の夫の皇太子保明《やすあきら》親王が二十一歳の若さで亡くなった。世間の人はみんな道真の怨霊のしわざだと恐れおののいた。その二年後には保明の後に立てられた皇太子慶頼《よしより》が五歳で亡くなるという不幸が続いた。延長八年（九三〇）清涼殿に落雷があり、醍醐天皇がそのショックで病気になった。醍醐天皇は天皇の位を皇子の寛明《ひろあきら》親王に譲ったが、その直後に亡くなった。寛明が即位して朱雀《すざく》天皇となったが、天暦六年（九五二）三十歳でこの世を去っている。

太宰府天満宮

道真の怨霊は長年にわたって暴れ回った。朝廷はこのような怨霊を何とかとり鎮めたいと、もともと「雷神」を祀っていた京都の北野神社に「怨霊」の道真を祀って「鎮魂」の天満天神としたが、それでも道真の怨霊が鎮まることはなかった。道真信仰は庶民の間にも広がって学問の神、書道の神、安産の神、相撲の神、農業の神となった。現在、道真を祀る京都市の北野天満宮、太宰府市の太宰府天満宮を中心に、天満宮または天神社と名のつく神社は、全国で一万社を越えるといわれる。これらの天神社では、最近では受験シーズンになると受験生たちの姿が目立つ。

　吉備真備は死後、神にならなかったのに、菅原道真はどうして神となったのか。

　一つには、道真には「悲劇性」があったと考えられる。天皇に忠節を尽くし、天皇のために懸命に務めてきたのに、その天皇の名によって「遠の朝廷」といわれた大宰府に左遷された。そして左遷されながらも大宰府でのわびしい蟄居生活を余儀なくされた。かつて清涼殿で詩会が催された時、「秋思」の詩の出来映えを天皇から褒められた。その感激を思いだし、天皇から頂いた御衣を捧げ持ってその香りを拝している、と歌う時、道真の「悲劇性」は否が応でも高まる。人々はその道真の「悲劇」に心を打たれ、涙を流したのである。

北野天満宮

　それに加え道真の心情は、時の権力を握る藤原氏に対する感情、反藤原感情を代弁するものだった。藤原氏は数々の謀略によって反対派を弾圧し、自らの権力基盤を確立してきた。藤原鎌足《ふじわらのかまたり》・藤原不比等《ふじわらのふひと》・藤原武智麻呂《ふじわらのむちまろ》・藤原仲麻呂《ふじわらのなかまろ》・藤原百川《ふじわらのももかわ》ら謀略家として政権の座に就いた人物は枚挙にいとまがない。そのような藤原氏の手にかかって没落していった大伴氏や橘氏のような氏族もまた数多い。こうした氏族や庶民の間では「藤原氏に対する反感」が長年の歴史のなかで鬱積していた。

政治的な謀略などによって失脚し、恨みを抱いて非業《ひごう》の死を遂げた人の怨霊を鎮める「御《ご》霊信仰《りょうしんこう》」が高まるなかで、道真の怨霊が、道真の左遷にかかわった人を次々に死に追いやっていく姿を見て、反藤原氏の人々は、内心大いに拍手喝采を唱えたのではなかろうか。

江戸時代には、道真と時平との対決をからめながら、書の神としての道真を題材にした浄瑠璃の台本『菅原伝授手習鑑』が書かれ、やがてこれは歌舞伎としても上演され話題になった。

こうして「忠臣菅公」のイメージが大いに拡大し、さらに幕末から明治時代にかけて天皇中心の「皇国史観」が盛んになると、菅原道真は楠木正成《くすのきまさしげ》や和気清麻呂《わけのきよまろ》とともに「忠臣」としての評価が一層高められて来たのである。

これに対して吉備真備には、道真のような「悲劇性」がない。人々の心をゆさぶる詩文もない。冷静な合理的精神の持ち主としての真備には人々の涙をさそうものがなかった。だから真備は人に祟る怨霊の神にはならなかった。むしろ怨霊を鎮め、人を救済する「陰陽道《おんみょうどう》」の達人とされた。道真とは正反対の立場にある。

故右大臣
往學盈歸
播風弘道
遂登端揆
式翼皇猷
吉備真備顕彰碑（倉敷市真備町）

それに加え真備は、安積澹泊《あさかたんぱく》の『大日本史賛藪《さんそう》』や頼山陽《らいさんよう》の『日本政記』によって厳しく批判された。真備は、弓削道鏡の政権下で右大臣を務めながら、道鏡が天皇の位を簒奪《さんだつ》しようとしたのに、これを諫《いさ》めなかった、として批判されたのだ。以来、真備は「忠臣」にならなかったばかりか、その評価は道真に比べ相対的に低下することになった。

宇佐八幡神託事件で右大臣の真備がどう動いたか明らかではないが、同じ吉備出身でまだ三十歳代の和気清麻呂を陰で支え、清麻呂に対しては秘かに接触して日本古来からの「君臣の別」を説き、道鏡排斥の神託をもたらすよう導いたのではないか。天皇の皇統を守った陰の存在が真備だった、と考えられる。だから真の意味の「忠臣」は真備だったのではないか―。

京都の平安京を開いた桓武《かんむ》天皇は、延暦《えんりゃく》三年（七八四）の勅《みことのり》のなかで、

「故右大臣、往学盈帰《ゆきてまなびみちてかえる》　播風弘道《かぜをほどこしみちをひろめ》　遂登端揆《ついにたんきにのぼり》　式翼皇猷《もってこうゆうをたすけたり》」

と述べた。すなわち、故右大臣の吉備真備は、唐に留学して勉学に努め、頭の中にいっぱい学問を詰めて帰ってきた。そして新しい生活の気風を教え、人間として守るべき道徳を広

め、遂には右大臣に昇進して、天皇の政治を助けた、と述べて吉備真備を讃えた。この天皇の勅が真備に対する評価のすべてを物語っているのではないか。批判される筋合いは何もないのである。

吉備真備はなかなかの苦労人で、世間の人望が篤かった。物事を処するに当たっては常に冷静に判断してきた。あくまでも合理的な精神の持ち主であり、事柄の道理をわきまえた人であった。右大臣としては政界のまとめ役として活躍した。そして律令制度の改正など政治改革に努めるかたわら「二教院」という学校をつくり『私教類聚』という家訓書の著述に当たった。五年間の右大臣の職を惜しまれて退任し、八十一歳で人生をまっとうした。菅原道真のように「神」にはならなかったし、道真ほど知名度は高くないが、道真に比べ遙かに底力のあるスケールの大きな人物だった。日本の歴史上に残した業績も道真とは比較にならない位大きかったと思われる。

（高梁川　平成十六年）

吉備の疲弊と藤原保則

平安時代になって律令制《りつりょうせい》の矛盾が拡大するなか、吉備地方においても民の疲弊が著しいうえに、国司の不正が相次ぐ。そんななかで藤原保則《ふじわらのやすのり》は備中と備前に善政を敷いた国司と伝えられる。

この稿では、このような時代の吉備の歴史を考えてみたい。

一

平安時代の文人官僚として知られる三善清行《みよしのきよゆき》は、延喜十四年（九一四）当時の疲弊した社会を改革する政治上の問題点をまとめ、時の醍醐天皇に「意見封事《いけんふうじ》十二箇条」の提言を奏上した。

三善清行は承和十四年（八四七）下級官人の家に生まれ、勉学の志を立てて巨勢文雄《こせのふみお》に師事した。貞観十五年（八七三）二十七歳で文章生、翌十六年文章得業生となった。その後、方略試を受験したが策問者の菅原道真《すがわらのみちざね》によって落とされ、二年後ようやく合格した。仁和三年（八八七）の阿衡《あこう》事件では藤原基経《ふじわらのもとつね》を擁護する立場をとり、菅原道真とは対立した。寛平三年（八九一）肥後介《すけ》（次官）、五年備中介にそれぞれ任命され、備中には四年間勤務した。都に帰った後昌泰三年（九〇〇）には文章博士となった。この年、時の右大臣菅原道真に辞職を勧告する書状を送ったことはよく知られている。この間『藤原保則伝』などを著し式部大輔の時の延喜十四年には醍醐天皇に対して「意見封事十二箇条」を奏上した。同十七年参議となりその年の暮れに七十二歳で没した。

三善清行は「意見封事十二箇条」の序論の後半の部分で備中国下道郡邇磨郷《しもつみちぐんにまごう》の衰退ぶりを次のように述べている。

――臣、去る寛平五年備中介に任ぜられる。その国に下道郡邇磨郷がある。ここの備中国の風土記を見ると、皇極天皇六年、大唐将軍の蘇定方《そていほう》は新羅《しらぎ》軍を率いて百済《くだら》を討つ。百済は使を遣わして救援を乞う。天皇は筑紫に行幸して救援の兵を出動しようとした。時に天智天皇が皇太子として政務を執られ、行路について下道郡《しもつみちぐん》に宿泊された。この時、邇磨郷の戸邑が甚だ盛んな様子をご覧になった。天皇、詔を下して試みにこの郷の軍士を徴集したところたちまち勝兵二万人を得ることができた。天皇は大いに悦び、この郷を名付けて二万郷といわれた。後に改めて邇磨郷というようになった。

しかるに、天平神護年中、右大臣の吉備朝臣《きびのあそみ》は、下道郡の大領を兼ねる。試みにこの郷の戸口を計るに、わずかに課丁は千九百余人あるだけだった。

貞観の初め、故民部卿の藤原保則朝臣が、備中国の介であった時、旧記を見ると、この郷に二万の兵士がいたとの記録があった。大帳を計るついでにその課丁を閲すると七十余人あるだけだった。

三善清行自身が備中介として任に着き、この郷の課丁を閲すると、老丁二人、正丁四人、中男三人という有様。

去る延喜十一年、備中国の介の藤原公利《ふじらのきみとし》が任期を終えて都に帰ってきた。臣が邇磨郷の戸口は当今いくらかと質問した。これに対し公利は答えて言った。「一人有るか無しかの状態であった」と。

謹んで年記を計ると、皇極天皇六年より延喜十一年に至るまでわずかに二百五十二年、衰弊の速やかなること、かくの如くである。一郷を以てこれを推し量れば、天下の疲弊は自ずから明らかである――。

備中国下道郡邇磨郷は、現在の倉敷市真備町上二万・下二万の地域。

備中国風土記は現存していないが、三善清行はこの風土記に書かれた記録を基にして、二万人の兵を集めた当時の邇磨郷の繁栄ぶりを明らかにしようとしたものである。舒明天皇の皇后であった皇極天皇は、一旦天皇を退位し再び斉明天皇として即位した女帝である。この時は皇極天皇の時代ではなく、斉明天皇の時代。皇太子の中大兄皇子《なかのおおえのみこ》が政務を執っていた。

日本が迎えた古代最大の国際的な危機の時代であった。

日本と同盟関係にあった朝鮮半島の百済は、中国の唐と朝鮮半島の新羅の連合軍の攻撃を受けて滅亡した。この時、百済の遺臣・鬼室福信《きしつふくしん》らは百済の復興をめざして日本に百済救援軍の派遣を要請した。これに対して日本の斉明天皇・中大兄皇子らは、斉明天皇の七年（六六一）百済は日本防衛の砦であるとして救援軍の派遣を決定、直ちに軍船の建造と軍兵の徴集を始めるとともに、大本営を北九州に設けるため斉明天皇・中大兄皇子らが大和から北九州への西遷の旅に出た。

この時、一行は備中国下道郡邇磨郷に宿泊した。その邇磨郷がたいへん賑わっていたので軍兵を集めたところたちまち二万人の勇壮な軍兵が集まった。そこで天皇はこの地を二万郷とした、というのである。

そんな国際的危機のなか天智天皇二年（六六三）日本は総勢二万七千人の軍兵を朝鮮半島に派遣、錦江河口の「白村江《はくすきのえ》」で唐・新羅の連合軍と対戦した。これは古代日本が迎えた最大の海戦であったが、結局、唐・新羅の連合軍に敗れて約四百隻の軍船が炎上、朝鮮半島から撤退した。

大和から筑紫に至る途中宿泊した邇磨郷という一つの郷から二万人の軍兵が集まったというのは、単なる地名説話で二万の数字には全く根拠がない。

『真備町史』によると、もともと邇磨の地名は、丹《に》、いわゆる水銀朱などの鉱物資源を生産し加工する土地、という意味である。島根県に邇摩郡があり石見銀山がある。真備町の反古山《ほうぐ》に西金山《かなやま》・東金山の地名があり、銀・銅・水銀などを産した古い鉱山の跡が残されている。

この邇磨郷が鉱山地としてたいへん栄えていたことは確かである。六世紀初頭築造の大きな横穴式石室を備えた「二万大塚古墳」がその偉容を誇っていることでもうなずける。この地域からも大勢の軍兵が参加したと思われるが、二万という数字は誇張以外の何ものでもない。

天平神護年中（七六五〜七六六）右大臣の吉備真備《きびのまきび》が下道郡の大領（長官）を兼ねていた時は、課丁（調庸などの義務を負う成年男子）は千九百余人になっていたというのだが、この数字はこの頃の邇磨郷の実態を或いはそのまま表したものとも考えられる。

しかし、それ以降の課丁の激減の記述は果たして本当なのか。かつて繁栄を誇った邇磨郷はそんなにもさびれ果ててしまったのか――。

二

課丁（課口）は、律令の規定によって租・調・庸・雑徭・運脚・兵役などを負担する十六歳以上六十六歳までの成年男子のことで、この時代の社会の底辺を支え、朝廷の国家財政の重要な部分を担っていた。しかし、新しい都の建設、山陽道などの幹線道路の整備、「白村江」への派兵と敗戦、九州から瀬戸内海にかけての山城の建設、「壬申の乱」などの内戦、巨大な大仏の建立、官僚機構の拡大に加え、相次ぐ自然災害などによってその国家財政は破綻寸前の状態となっていた。そこで重要な財源である課丁に対する様々な負担が一層強化された。

これに追い打ちをかけたのが「公出挙《くすいこ》」と「私出挙《しすいこ》」の制度である。これはいわば古代の高利貸し制度である。災害などで租税が支払えなくなった農民は、次の年の種籾さえ確保が困難となる。そんな時は「出挙」の制度を利用して種籾を借りて稲を植え収穫後何とか種籾の返済をした。この場合、「公出挙」では五十％、「私出挙」では百％の高率で種籾を返済しなければならなかった。これは一見して農民の救済制度のように思われるが、その実態は農民に対する巧妙な搾取制度であった。だからこの制度によって種籾を貸す側と借りる側との格差が拡大、貧富の階層分化がさらに進むことになった。地域の貧しい農民たちの負担はますます増え、その疲弊は一層深刻になっていた。一見して華やかに見える貴族社会のなかで、万葉歌人の山上憶良《やまのうえのおくら》が「貧窮問答歌」で描いたような農民たちの悲惨な姿がそこにはあった。

その悲惨な姿は、かつて豊穣の地といわれた吉備地方もその中の邇磨郷も例外ではなかった。

そんな生活のなかで農民たちはやむにやまれぬ手段に出た。調・庸・兵役などは成人男子の課丁だけに課せられていたために、農民たちは各種の計帳（課税台帳など）や戸籍を偽りごまかして、課丁を女子の名前にしたり、子どもの年齢にしたり、老人や病人にしたりして、様々な負担から逃れようとしたのだ。なかには実際に村落を離れて逃亡し浮浪人になるものもあった。だから計帳や戸籍の上では課丁が激減したのであった。

このような課丁の減少はひとり邇磨郷だけではなく、延喜二年（九〇一）の太政官符によると、全国的な傾向として男女の比率が変化し、極端に女子が多くその分だけ課丁が減っていることが明らかになっている。そのうえ太政官符ではこの当時の戸籍に不正があったことも指摘されている。

このことは確かに律令の法令違反で、取り締まりも行われたようだが、あまりにも不正件数が多く、日常化しているために、取り締まりが追いつかない有様だった。ただ、問題はこのような不正がありながら郡司や国司があえてその不正を見逃していただけではなく、自らがこのような不正行為に積極的にかかわっていた疑いがある。

課丁が減れば郡司が国に納める調庸物が表向き少なくて済むことになり、国守が中央に納める調庸物はまたそれだけ少なくて済む。そして実際に郡司や国守のもとに入る調庸物との差が郡司や国守の収入になるのだ。このような組織ぐるみの不正行為が罷り通っていたのである。

課丁の数が減っていく理由としては、計帳や戸籍のごまかしだけではなく、山間地に新しい田圃を開拓していく農民たちの積極的な動きもあった。古代史学者の門脇禎二氏は「成人男子のなかには従来から住んでいる村を捨てて周辺の山間地を開墾し私有地にすることによって国家権力の支配から逃れようとする民衆のより積極的な新しい動きの結果であったと思われる」と述べている。そして門脇氏は、このような小さな田圃を「ヤト田」と呼び、そこに中世的な荘園村落の原形があるとされている。当然のことながら従来の班田は、荒廃し空閑地となっていく。律令支配が大きく変質しつつあったのである。

このような状況に対して中央政府としての朝廷がまったく手をこまねいていたわけではない。宇多天皇時代の寛平改革、続く醍醐天皇時代の延喜改革といわれる一連の政治改革は、班田と徴税を本来の姿に再編成することを狙うとともに、これまで郡司が持っていた権限の多くを国守のもとに一元化する、つまり国守の権限を強化する政策を実施するものだった。

これまで郡司のうちの大領は、地元の豪族層が任命されたうえ世襲されるという特典があり、彼らは事実上農民の徴税や調庸などの業務を一手に引き受けていた。そうしたなかで郡司たちは次第に律令制の国守の指示に従わないで、自分たちや農民の利益擁護を優先して行動することが多くなった。計帳や戸籍の偽りごまかしなどの行為も郡司の主導によって行われるケースが多かった。そうした事態に対して朝廷は国守の権限を大幅に強化する改革策を打ち出したのだが、これらの改革策で地方の疲弊が改善されることはなかった。それよりも郡司の権限や権益が失われ、それに代わって国守がそれらを独占することになった結果、郡司層と国守との間に深刻な対立を引き起こした。

三

国々に派遣される国守は、律令制の初期には概ね任国に赴任して政務に努めることが多かったが、平安時代の中期になると「遥任《ようにん》」と称して任国に赴任しない国守が目立つようになった。しかし、一度国守を務めれば、なかなかやめられないうまみのある地位でもあった。なかには任国への勤務を希望してそのまま居座る国守、いわゆる受領《ずりょう》のなかには農民から税を厳しく取り立てるとともに、新しい墾田地を増やすなど様々な形で私腹を肥やし巨万の富を貯えるものがあった。そして貯えた富をもとに中央の有力者に賄賂を贈ったり荘園を寄贈したりして自己の栄達を図ろうとする者もあった。国守の権限がさらに強化されたことで受領の苛政と悪政は一層エスカレートした。

九世紀から十一世紀にかけてはそのような国守が農民たちから襲撃されたり告訴されたりする事件が頻発した。それとは逆に国守が反抗する郡司や農民を排除したり殺害したりする事件もあって混乱を招いた。

永延二年（九八八）尾張国守の藤原元命《ふじわらのもとなが》は、郡司と農民から非法を訴えられた。その三十一条からなる訴状は、農民への厳しい税の取り立て、調や庸の過重な負担、現地国司の非法行為などを列挙しており、当時の地方の実情をつぶさに知ることができる。

山陰の石見国では、元慶八年（八八四）今の島根県浜田市にあった石見国守の館が襲撃される事件があった。中央から赴任してきた国守の上毛野氏永《かみつけぬのうじなが》が、農民に対する税を厳しく取り立てようとしたのに対して、二百数十人の農民たちは、地元出身の国司や郡の大領などと連携し、武器を持って国守の館を襲撃した。この国守はいったん館を逃れたが、国司の介にも裏切られて山の中で捕らえられた。

この事件に対して、中央の政府は国守と地元民との「私闘」として処理した。しかし、この事件の本質は、律令支配とその収奪に耐えかねた農民たちのやむにやまれぬ爆発であり、国守への厳しい批判だった。

備前国では、今の岡山市南部にあった藤原摂関家の氏寺興福寺の荘園鹿田荘と備前国守との間でトラブルが絶えなかった。

この時代、藤原氏のような権門や有力な寺社は、その財力をもって新しく私有地を開墾したり、地方の富裕層からの寄進を受けて広大な荘園を領有していた。

鹿田荘は、そうした荘園の一つである。

備前国守の藤原理兼《ふじわらののりかね》は鹿田荘の荘司の下野守貞《しもつけぬのもりさだ》と対立、紛争を起こしたあげく秘かに上京し朝廷に対して鹿田荘に対する不満を訴えた。朝廷がこれを認めて鹿田荘の荘司の追捕を命じたことから藤原理兼は、寛和二年（九八六）兵数百を率いて鹿田荘を急襲した。そして下野守貞を捕らえるとともに、米三百二十石を押収、さらに民家三百戸を焼き払って家財を奪った。

この事件を知った朝廷は、検非違使《けびいし》として藤原為長《ふじわらのためなが》ら三人を派遣して事実関係を調査、できれば和解させようとしたが、何らの成果をあげることができなかったばかりか、鹿田荘から米二千石を勝手に徴集したことが判明、両者の争は火に油を注ぐ結果となった。こうして事態は藤原氏の深刻な内部紛争に発展した。この事態を憂慮した太政大臣の藤原頼忠《ふじわらのよりただ》は、藤原一門の不名誉として理兼を藤原氏から除名する処分にした。こうした処置でこの事件はようやく一件落着したといわれている。

これより後、山陰の因幡では、新しく赴任してきた国守の橘行平《たちばなのゆきひら》が前任者にも勝る苛政を強行した。これに対して地元出身の介の因幡千里《いなばのせんり》を支持する農民たちは急ぎ上京して橘行平の苛政を辞めさせて欲しいと訴えた。これを機に両者の対立は決定的となった。そのあげく国守の橘行平は、寛弘二年（一〇〇五）私兵を使って今の鳥取市にあった因幡千里の館を襲い千里を殺害した。この事件も中央で大問題となったが、橘行平が因幡守の任を解かれただけで決着している。

四

このように平安時代の中期から後期にかけて地方の国守をめぐる事件が頻発して大きな政治問題となる風潮のなかで、九世紀に地方官として赴任した藤原保則は、備中と備前に善政を施した国司として名を残している。

藤原保則は天長二年（八二五）藤原南家の家系に生まれ、治部・民部・兵部・式部などの部署に事務官として務めた後、貞観八年（八六六）従五位下となり、その年十月に備中権介、貞観十三年（八七一）には備前介、さらに貞観十六年（八七四）には備前権守となった。（権官は正官の欠員などによる緊急の任官）

その後、貞観十八年（八七六）都に帰り、右中弁で出羽権守を兼ねたが、その任期中、秋田城で俘囚たちによる大規模な反乱が起こった。保則はその鎮定を命じられ、巧みな懐柔策を講じて見事に俘囚の乱を鎮定した。

元慶六年（八八二）讃岐守に任命され、仁和三年（八八七）大宰大弐（次官）となり、次いで左大弁、参議兼民部卿となった。菅原道真とともに宇多天皇の「寛平《かんぴょう》の治」を推進する中心的なリーダーの一人として活躍した。寛平八年（八九六）七十一歳で卒去。

先に紹介した文人官僚の三善清行は、この藤原保則の死から十年後、保則を理想的な行政官・政治家として延喜七年（九〇七）「藤原保則伝」を著した。清行は十年前の寛平五年（八九三）備中介として勤務した経験があり、この地の古老から保則の風評を聞いてその事績を書き記し詳らかにした。清行自身が「実録」と名付けたように、かなり事実に近い記録である。

この伝記をもとに保則の事績を紹介したい。

保則が地方官として備中権介（次官）に任命された時は四十二歳、初めての地方勤務であったが、それから約十年間の吉備での生活が始まった。

承和年中（八四〇年頃）吉備地方は干魃のため田畑が荒廃しひどい飢饉に見舞われていた。とくに高梁川上流の英賀・哲多両郡（現在の新見市）では盗賊による略奪や殺人などが横行し、課丁が一人も居ない状態だったという。

保則の前任者は、律令の規定を厳密に適用して厳罰主義で対応したために、違反者が獄にあふれ、獄死する者が跡を断たなかった。道には行き倒れの人の死体がごろごろと転がっていたという。農民の生活はこのように惨憺たる有様だった。

これに対して保則の政治は儒教の「仁政」を原則として、前任者の苛政を改め、小さな過ちには拘泥しないで大局を重視した。貧しい人には食料を与え、稲作と養蚕を奨励し、遊興を戒めた。こうした施策をスムーズに実施して行くために、保則は郡司の意見を尊重して積極的に協力を求め、下級官人に対しては必要に応じて自分の薄給を与え絶対に不正行為をしないよう戒めた。官人たちは保則を父母のように慕って懸命に勤務した。この結果、逃亡していた農民は元の農村に帰り、荒廃していた田圃は再び開かれ、盗賊もいなくなり、国府の倉も蓄えが増え、租税や調・庸の未納分も完納され、見違えるように豊かになったということだ。

保則の善政はその後、備前介、備前権守になってからも続けられた。

一つのエピソードがある。

安芸国の盗人が備後国の調の絹四十匹を奪って逃走し備前国石梨郡（現在の和気郡）の旅舎に泊まった。その時、旅舎の主人から「この国には国司藤原保則の仁政が行われているのでよこしまな者がなく、もしそのような者がおれば吉備津彦神が天罰を加える」と聞かされて、盗人は顔色を失い、恐ろしくなって夜眠れず、夜明けを待って国庁に自首して出た。保則は盗人に対して「お前は善人になろうとしており、決して悪人ではない」といって米を与え、調の絹を備後国へ返送させようとした。国庁の役人のなかには反対する者もいたが、「この男はすでに心を改めているのであり、その気持ちが変わることはあるまい」といって移文（備前国から備後国への公文書）を持たせて備後国へ送らせた。盗人は保則の言葉どおり盗んだ絹を備後国の国庁へ届けた。備後国守は、不思議に思いつつもこの盗人を放免した。この男は再び備前国に保則を訪ね、保則の寛大な措置に心から感謝した、ということである。伝記の著者の三善清行は「およそ、その徳化の人神を感服せしめること、みなこの類なり」と保則を評価している。

こうして保則は十年間の任期を終えて貞観十七年（八七五）帰京することになった。この時、備中と備前の民は号泣して道を遮り、酒肴を捧げて道に拝服し、数日たっても絶えることがなかったという。そこで保則は食料を持たず秘かに小舟で備前を去ろうとした。そして途中、和気郡の片山津（現在の備前市）に立ち寄ったところ、郡司らが米二百石を寄進してきた。これを受け取った保則は備前国分寺の僧侶に「これからの航海の安全を祈って欲しい」と書状を送り、米二百石をその布施に充て、その夜出帆して備前を去ったといわれている。

三善清行は、古代律令制の枠内にあっても、藤原保則のように国司の政治姿勢や政策の如何によって、疲弊した農民を救済することが可能なことを証明した。古代律令社会が崩壊の危機にありながら多くの地方長官が私利私欲に走る風潮を憂い戒め、藤原保則を例として儒教による徳治主義の復活、なかでも「仁政」をモットーにして民に対する公正な政治姿勢を貫くことを説いたのだった――。

何時の時代でも政治家は常にこうあって欲しいものである。

（平成十二年）

第二部　中国への探訪

吉備真備公の足跡を訪ねる旅

一

真備《まび》町友好訪中団のご報告を致します前に、まず吉備《きびの》真備《まきび》公の経歴からお話しします。

今から千三百年以上も前のお話です。

岡山県と広島県の東半分（備後）は、古代の「吉備の国」の領域で、このうち真備町と隣の矢掛町を中心とした地域は、下道《しもつみち》氏という古代豪族が勢力を張っていました。

その下道氏という豪族の墓が国の史跡の「箭田《やた》大塚古墳」です。横穴式古墳の中は、大きな切石を使った石室があり、亡くなった人を納める石棺が置かれています。岡山市牟佐の「牟佐大塚古墳」、総社市上林の「こうもり塚古墳」とともに岡山県内三大横穴式古墳の一つ

若い吉備真備公像

です。全国的に見ても五、六番目の大きさで、吉備の国の勢力が、依然として大和と対抗できるような大きなものだったことがわかります。

吉備真備公は、このような「吉備の国」の「下道氏」という豪族の子孫として生まれました。持統天皇の九年、西暦ですと六九五年です。お父さんは都の警護に当たっていた下道圀勝《しもつみちのくにかつ》、お母さんは大和の楊貴《やぎ》氏の女性です。吉備真備公が実際にどこで生まれたのか、吉備の下道郡なのか大和の都なのか、はっきりわかりませんが、吉備の下道郡、今の倉敷市真備町一帯に勢力をもっていた下道氏の一族から生まれたことは確かです。

吉備真備公は、奈良の平城京にあった「大学寮」に入って勉強しました。「大学寮」は、当時の官吏を養成する国立の大学で、学科としては、儒学、法律、算術、書道などでした。吉備公は、その「大学寮」で六年間ほど一生懸命に勉強し、優秀な成績で卒業しました。

そして二十二歳の時、遣唐留学生に選ばれ、中国へ渡ることになりました。吉備公自身が留学生に選ばれることを積極的に希望したのだと思います。

当時の中国は、唐の時代で、法律によって広い領土を治める「律令制《りつりょう》」の国家でした。政

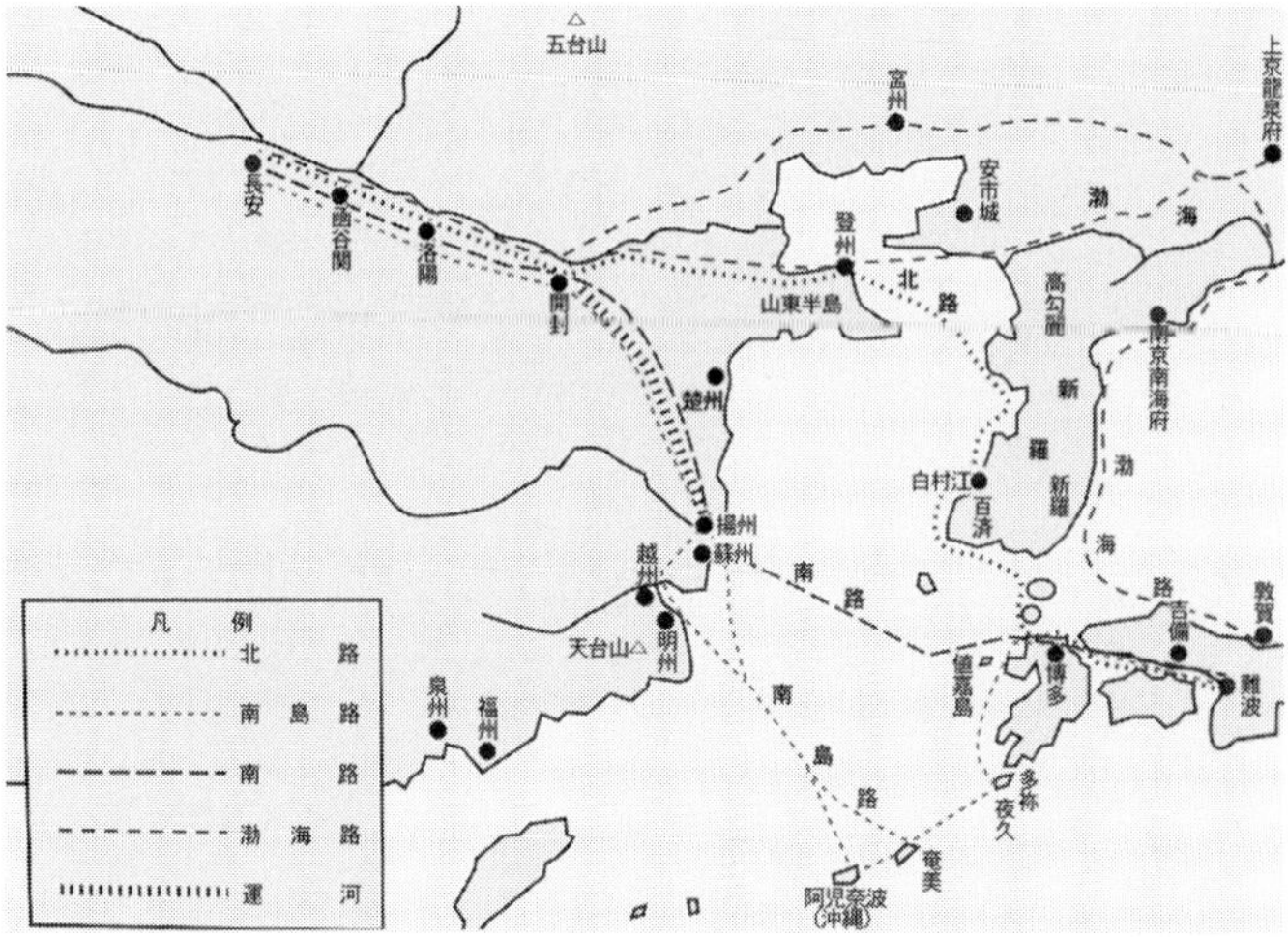

遣唐使のコース

治が安定し、経済が繁栄を続け、文化が栄えていました。唐の都の長安は、西に広がるシルクロードのスタート地点で、インドやイランなどいろいろな国の人たちが行き交う人口凡そ百万人の国際都市でした。

当時の日本は、先進国である中国の唐から、政治・経済・教育・文化などを学び、日本の国づくりに役立てようと、これまで七回にわたって遣唐使を派遣してきました。吉備真備公は今度で八回目になる遣唐使にともなわれて唐に留学することになったのです。

吉備真備公は、その翌年の養老元年（七一七）二十三歳の時、同じ留学生として唐に渡る阿倍《あべの》仲麻呂《なかまろ》公とともに難波《なにわ》の港から遣唐使船に乗り込みました。

当時の遣唐使船は、二本の帆柱がついた帆船で、大勢が櫓で漕ぐとともに帆に風を受けながら推進する百トン余の木造船でした。五百人を越える使節団員が四隻の船に分かれて乗り、沢山の水や食料、それに医薬品や贈り物などを積んで長い航海を続け、中国大陸をめざしたのです。

途中、激しい風雨に見舞われることもしばしばで、これまでに何隻もの遣唐使船が遭難し、日本へ帰ってくることができなかった船もたくさんありました。現代のように航海術や気象観測が十分発達していませんから、命がけの非常に危険な航海だったのです。

遣唐使が中国へ渡るコースとしては、三つのコースがありました。まず一つは壱岐・対馬から朝鮮半島西側の海岸沿いに進み、今の仁川付近から海を渡って中国の山東半島に至るコース。二番目のコースとしては、九州の五島列島から大海に乗りだし、中国の長江（揚子江）河口をめざすコース。三番目のコースとしては、九州の西海岸沿いに南下し、奄美列島から沖縄諸島付近に至り、同じく中国の長江（揚子江）河口か或いは寧波《ニンポー》付近をめざすコース。吉備真備公が乗った第八次の遣唐使船は、おそらく三番目の南島路を通ったと考えられています。船は中国の長江河口付近に到着し、鎮江を経由して揚州の港に停泊したと思われます。

二

さて、わたくしたちはこの度「吉備真備公の足跡を探る真備町友好訪中団」を結成し、岡山空港から中国の上海空港経由で鎮江・揚州・南京・洛陽・長安県・西安・上海の各都市を訪問しました。平成十一年三月二十六日から四月六日まで十二日間の旅でした。

そしてこの全行程に中国社会科学院教授の夏応元先生が同行され、案内と解説をして下さいました。夏応元先生は、平成九年九月、真備町のマービーふれあいセンターで開かれた「歴史フォーラム『吉備真備を考える』」にパネラーの一人として出席された方で、日中交流史が専門。平成十一年四月から東京大学と早稲田大学で講師を務めておられますが、その夏先生との一年半にわたる文通などのなかから今回の訪中が企画され実現したものです。

中国の夏応元先生

今回の訪問都市のうち揚州・南京・洛陽・西安では、夏先生と親しい現地の専門家によるさらに詳しい説明が加わりました。このためこの度の旅は、従来の観光ツアーとはひと味違った学術調査の性格をあわせもつものとなりました。

真備町友好訪中団が最初に訪れたのは鎮江でした。その鎮

阿倍仲麻呂碑

江の「北固山」は、『三国志』ゆかりの地で、孫権・劉備・曹操など『三国志』ゆかりの人物が彫像として置かれていました。

　その「北固山」には吉備真備公と一緒に中国の唐に留学した「阿倍仲麻呂紀念碑」がありました。一九九〇年日本書道院と中国国際旅行社鎮江支社が鎮江市などの協力を得て建立したものです。碑の高さは三・二メートル、幅一・二メートル。碑額は趙僕初中国仏教協会会長の筆になるものです。碑の説明によりますと、阿倍仲麻呂公は第十次遣唐使に伴われて帰国するとき、揚子江畔に船をつなぎ、望月望郷の詩をつくって感懐を述べたと説明し「天の原　ふりさけ見れば　春日なる　三笠の山に　出でし月かも」の歌を紹介しています。この望郷詩の中国文は沈鵬中国書法家協会副会長が、日本文は田中凍雲日本書道院院長が、それぞれ揮毫しています。この歌が詠まれたのは一般には蘇州といわれていますが、鎮江で詠まれたというのは新しい説です。

　碑の表面にはこの望郷の歌が刻まれ、裏面には解説文が書かれ「阿倍仲麻呂は吉備真備とともに遣唐留学生として唐に渡り」と吉備真備公のことも紹介されていました。

三

鎮江の金山

鎮江の有名な「金山」は、全山が禅宗の寺院で「金山寺味噌」で知られていますが、その「金山寺味噌」を日本に伝えたのが栄西だと伝えられています。

栄西は、永治元年（一一四一）岡山市吉備津に生まれ、一一六八年、中国の宋に渡って寧波《ニンポー》に上陸しました。かつて吉備真備が遣唐副使として再び中国に渡る時、上陸したのが寧波でした。その寧波で栄西は高名な僧の俊乗房重源《ちょうげん》と出会いました。栄西はその重源にさそわれて天台山に登りました。そして二度目の訪中のとき天台山の万年寺と寧波の天童寺で禅を学び、日本の臨済宗の開祖となりました。

栄西は同時に、日本にお茶をもたらし『喫茶養生記』を著した僧として知られています。栄西が上陸した寧波や、当時臨安といわれた杭州などでは茶を飲む習慣が大流行していました。

栄西は訪宋を終えて帰国すると、早速、肥前の背振山に中国から持ち帰った茶の種を蒔き、そこで育った茶の種を京都山城栂尾《とがのお》の高弁（明恵上人）に贈りました。高弁はこの種を丹念に育て、日本初の茶の産地にしました。現在の宇治・伊勢・静岡などの茶の産地は、この栂尾から移植されたものだといわれています。

その栄西が鎮江の金山を訪れた時、もう一つの出会いがありました。それは金山で「どんなにうまい都の酒や料理もこの金山の味噌に及ぶことがない」という蘇東坡の詩を知ったのです。そこで栄西は早速自ら味を確かめてみました。果たせるかなそれはなかなか美味しいものでした。栄西は帰国後に弟子の栄慧を金山に送って味噌づくりの勉強をさせ、美味しい味噌をつくりあげました。これが今に伝わる日本の味噌だというのです。

栄西は日本の茶祖であるだけではなく味噌の元祖でもあったのです。

その「金山」はまた画聖の雪舟が立ち寄ったところといわれています。

「金山」の遠景は、雪舟がスケッチした「雪舟唐土勝景図巻」（模写絵）の構図ととてもよく似ていました。

応永二十七年（一四二〇）総社市の赤浜に生まれた雪舟は、京都の相国寺《しょうこくじ》で禅の修行をす

雪舟のスケッチ画の金山（京都国立博物館蔵）

るとともに水墨画を学び、やがて大内文化が華開いた周防（山口県）の山口に移りました。そして室町幕府の応仁元年（一四六七）遣明船のうちの大内船に乗って中国の寧波をめざしました。雪舟四十八歳の時でした。

当時の遣明船は、将軍船・細川船・大内船の三隻、それに五隻の随伴船が船団を組むことになっていました。正使は天与清啓、副使は桂庵玄樹でした。雪舟はこのうち大内船に「客人」という資格で便乗しましたが、三隻のうち将軍の船と細川船が途中大破して引き返すという事故があり、さらに「応仁の乱」の影響もあって、別々に出港することになりました。結局、雪舟の乗った大内船だけが翌年の応仁二年（一四六八）一足早く江南の港の寧波に着きました。

雪舟たちは正使らが一年遅れで寧波に着くと揃って北京に上り、遣明使としての任務を果たしました。

雪舟にとって中国の風景は、まことに雄大であり、新鮮そのものでした。そこで雪舟は北京から鎮江を経て寧波に至る帰路の江南地方の風景をスケッチ画として残しました。これが「雪舟唐土勝景図巻」です。これは原本ではなく、雪舟が描いたスケッチ画をもとにして帰国後に弟子たちが複写したものですが、この冒頭に金山が描かれています。雪舟はこの「金山」の美しさに感動し、スケッチ画として描いたのです。

わたしたち訪中団は、そんな雪舟に思いを馳せながら夏応元先生が持参された金山の「雪舟唐土勝景図巻」の複写絵のコピーを改めて見つめました。そして雪舟と同じ地点に立って「金山」の遠景を眺めましたが、やはりその風景は美しく格別の味わいがありました。

四

わたしたち訪中団が次に訪れた揚州は、中国を南北に貫く大運河と長江とが交差する交通の要の地で、有名な鑑真和上《がんじんわじょう》ゆかりの「大明寺」があります。

「大明寺」の鑑真和上紀念堂は、修理中でなかに入ることができませんでした。一九六三年鑑真和上が逝去して千二百年になるのを記念して日中両国の集まりが大明寺で行われ、その時に紀念堂の定礎式がありましたが、それから十年後に紀念堂は完成しました。日中交流のシンボルです。その紀念堂に一九八〇年奈良の唐招提寺の鑑真像が一時里帰りしたことがあります。

わたしたちは「吉備真備の肖像画」を携えて大明寺を訪れ、寺の能修和尚からその「吉備真備の肖像画」に記念の揮毫をしてもらいました。そこには「この大明寺にて吉備真備と鑑真和上が相集う」と漢文で書かれていました。

長江と交わる中国の大運河は、随の煬帝が百万人というおびただしい数の民を動員して完成しました。煬帝は暴君といわれ、イメージが大変悪いのです。

揚州の運河

鑑真ゆかりの大明寺

鑑真旅立ちの地

わたしたちは、その煬帝の陵墓を見学しましたが、その陵墓はほかの中国皇帝の陵墓に比べるととても小さい貧弱なものでした。これは随を倒した唐帝国によって煬帝の評価が定められたことの影響かと思われますが、完成した大運河は、中国の南北交流に大きな役割を果たし、後の中国の経済や文化の発展に大きく寄与したことを忘れてはなりません。

吉備真備公らは、揚州の役所で都の長安に入る許可を貰い、大使や副使それに留学生など許された一部の人たちと一緒に、この大運河を通って長安に向かったものと思われます。

わたくしたち訪中団は、揚州市交通局が特別手配してくれた船に乗って、古い運河を航行しました。途中、鑑真和上が日本に向けて出発したという地点を訪れ、その岸辺に建つ「古運河」の石碑の前で鑑真和上を偲びました。鑑真和上は、唐の天宝七年（七四八）六月二十七日、総勢三十五人とともにこの地を発ち日本に渡ろうとしましたが、この五回目の時も渡航に失敗しました。この時は海南島まで流され、広州から桂林まで足を運び、困難な旅を続けるなかで眼が不自由になりながら、それでも日本へ渡ろうとしたのです。

結局、鑑真和上は吉備真備公が遣唐副使として再度中国を訪問した第十次遣唐使の帰国船に乗って念願の日本へ渡航を果たしました。

わたしたちは、井上靖氏の『天平《てんぴょう》の甍《いらか》』に書かれた情景を思い浮かべ、鑑真和上の日本渡航への執念に想いを馳せながら運河航行の体験を続けました。水量豊かな運河は今も船の往来が盛んです。

五

わたしたち訪中団が次にめざしたのは南京です。揚州から車で南京に向かい揚子江にかかる「南京長江大橋」を渡りました。道路と鉄道の併用橋で、上層の道路橋は長さ四千五百八十九メートル、下層の鉄道橋は長さ六千七百七十二メートル、高さは百二十メートル。中ソ対立のなかソ連の援助が打ち切られながらも中国独自の資金と技術で一九六八年に完成しました。自力更生のシンボルです。日本の瀬戸大橋に匹敵する長大な橋の上から揚子江の大河を眺めながら南京の街に入りました。

南京の城門

孫文の陵墓

南京は風格のある大都市でした。古くから都がおかれた歴史のある街です。ここでは『三国志』の英雄の一人「呉の孫権」が都を置いた所で、孫権の墓がありました。後の「明《みん》」の時代の都が置かれたのも南京で、「明」の初代皇帝の朱元璋の陵墓「明孝陵」がありました。「明」の時代の宮殿跡の午門、頑丈な城壁、その城壁博物館、南京の歓楽街の秦淮河などを次々に見学しました。

さらに南京には現代史で有名な孫文の大きな墓「中山《ちゅうざん》陵」もありました。一八六六年中国広東省香山県に生まれた孫文は、中国で革命の蜂起を試みますが、その都度失敗し日本へ亡命しました。日本では犬養木堂・頭山満《とうやまみつる》・宮崎滔天《みやざきとうてん》ら一部の人たちの支援を得て革命運動を進め、有名な「三民主義」を発表するとともに、その「三民主義」を綱領にして東京で革命

孫文

三派を統合し「中国同盟会」を結成しました。一九一一年武漢で辛亥革命が成功すると、孫文は急ぎ帰国し中華民国臨時政府の臨時大統領に選出されました。そして満州族による「清《しん》朝」を倒して翌年の一月一日に中華民国を建国しました。しかし大統領の席は北京の軍閥の袁世凱《えんせいがい》に渡さざるを得ませんでした。革命がまだ完全に成功しないなか、国民党は結成されたばかりの共産党との合作を進め、新たに北伐戦争を始めました。その最中の一九二五年、孫文は北京で亡くなりました。五十九歳でした。遺体は孫文の遺志により南京の紫金山に葬られ「中山陵」と名づけられました。

その陵墓はまことに壮大であり、長く広い階段を登っていくとやっと墓室に着きました。そこには白大理石の孫文の座像、その奥に臥像がありました。中国では、孫文は「中国革命の父」と呼ばれ、今でも尊敬の的になっています。

南京といえば、戦時中の日本軍による南京大虐殺の舞台として知られています。

一九八五年に完成した「南京大虐殺殉難同胞紀念館」は南京市街南西部の江東門にありました。日中関係史のなかではまことに不幸な出来事ですが、一九三七年十二月十三日、中国侵略をめざす日本軍は当時中華民国の首都であった南京を占領し、以後半月以上にわたって南京市内の各所で中国軍民の虐殺を続けました。その犠牲者は三十万人にのぼる、と中国側は主張しています。日本側ではその数に疑問を投げかける見解など様々な説がありますが、紀念館のなかには当時の残虐行為を物語る数々の写真や遺品が展示されており、その惨状はまことに目を覆うばかりでした。

南京大虐殺殉難同胞紀念館

棲霞寺

鑑真像

この南京虐殺紀念館の隣に「ラーベ紀念館」がありました。当時南京に住んでいたドイツ人のラーベ氏夫妻の記録をもとに展示したものです。

わたしたちは、翌日南京郊外の「棲霞寺」に足をのばしました。とても大きな立派な寺院で、鑑真和上が五度目の渡航に失敗した後、揚州に帰る途中三日間この寺に滞留したといわれています。蔵経楼内の「鑑真和上紀念堂」には、日本から贈られた鑑真和上像が安置されていました。やっと鑑真和上に逢えた感激で暫くその場に立ち尽くしていました。

六

吉備真備公たち遣唐使の旅は、揚州からがまた大変です。小さな舟に乗り換え大運河を通って開封付近まで行った後、さらに陸路を徒歩で洛陽まで行かなければなりません。長い気の遠くなるような困難な旅が続くのです。

私たちは南京から夜行列車で十一時間かけて洛陽に着きました。

洛陽は、長い中国の歴史のなかで九つの王朝が都を置いた古都です。

洛陽漢魏故城跡

まず洛陽のなかの後漢《ごかん》王朝と魏《ぎ》王朝の都の跡「漢魏故城跡」を訪ねました。

中国の歴史書『後漢書』には「建武中元二年（五七）倭奴国《わのなこく》が朝貢品をもって入朝し賀を述べた。その使節は自ら大夫と称した。光武帝は、彼らに印綬を賜った」と記録されています。後漢王朝の光武帝は、都を置いたこの洛陽において日本の使節と会見し、後に福岡市志賀島で発見された「金印」を贈ったのです。

こうして日本は歴史上初めて中国の王朝と正式な国交関係を結びました。

洛陽には引き続き、邪馬台国の「女王・卑弥呼《ひみこ》」が使節を派遣した魏の国の都が置かれていました。中国の歴史書『魏志倭人伝《ぎしわじんでん》』には「魏の明帝の景初三年（二三九）六月、倭王卑弥呼が派遣した使節の難升米《なしめ》らは帯方郡（現在の韓国ソウル）経由で魏の都洛陽に入った。魏の明帝は、彼らを歓迎し献上された男女の奴隷と斑布を快く受け入れ、卑弥呼を親倭王と称し、銅鏡百枚などを贈った」と書かれています。

そのような日中交流の原点ともいえる「漢魏故城跡」は、一面の麦畑になっていてわずかに土の城壁の一部が残されているだけでした。

隋・唐の時代の洛陽は、長安に対して副都、或いは東都といわれ、高くて頑丈な城壁で囲まれていました。日本の聖徳太子が六〇七年に派遣した遣隋使の小野妹子が、隋の煬帝《ようだい》と会見したのもこの洛陽でした。日本が持参した国書には「日出づる処の天子、書を日没する処の天子に致す、恙《つつが》なきや」と書かれ、煬帝を怒らせたことが中国の『隋書』に記されています。

洛陽の応天門

洛陽城の一番外側の城壁の南門は「定鼎門」といわれ、現在発掘調査が行われていました。この遺跡の発掘隊長は「定鼎門」の発掘現場を日本人に公開するのは初めてだと語っていました。
その城壁のなかに宮殿があり、その宮殿に入る正門が「応天門」です。わたしたち訪中団はその「応天門」の跡も見学しました。「応天門」の城壁は復元され、近くに「遣隋使遣唐使訪都之地」の石碑が建っていました。石碑は一九八六年に奈良県橿原市文化協会の戸田守亮氏によって建てられたものです。吉備真備公も「定鼎門」を通り、さらにこの「応天門」をくぐって宮殿に入ったに違いないと想像すると、新たな感慨がこみ上げてきました。

洛陽の郊外には、後漢の明帝の時代に建てられた中国最古の仏教寺院「白馬寺」があり、さらに進むと沢山の仏像が彫られた有名な「竜門石窟」があります。

「竜門石窟」は中国三大石窟の一つで、北魏の時代から唐の時代にかけての中国の盛んな仏教文化の跡を知ることができます。その「竜門石窟」は、石窟の数が二千百以上、仏の数が十万体にのぼるといわれています。

インドの釈迦によって始められた仏教は、中国に伝えられ、さらに朝鮮半島を経由して六世紀に日本に伝えられました。「竜門石窟」のなかの「賓陽中洞」にある「釈迦座像」は、おだやかな表情の仏像で、日本の法隆寺金堂の釈迦三尊像とどこか似ており、

中国最古の寺院「白馬寺」

竜門石窟の奉先寺の大仏

法隆寺釈迦三尊像のルーツを思わせるものです。

「竜門石窟」最大の仏像である「奉先寺の大仏」は、高さ十七メートルの巨大な仏像です。中国唯一の女帝・則天武后が自分の化粧料を投じ自分の顔に似せて造らせたといわれるものですが、ふくよかな表情が印象的で、日本の奈良東大寺の大仏のお手本ではないか、といわれています。

白居易の墓

洛陽の朝の風景

わたしたち訪中団は「竜門石窟」の対岸の香山にある「白居易の墓」を訪ねました。詩人白居易（白楽天）は、晩年この地に隠棲しこの地で亡くなりました。玄宗皇帝と楊貴妃の愛を歌った「長恨歌《ちょうごんか》」、長安の美妓が零落し流転のなかで琵琶を弾じたという「琵琶行」などの詩は日本にも馴染みが深く、平安文学に大きな影響を与えたとされています。

洛陽の朝の街では、写真のような風景も見られました。

七

吉備真備公たちが洛陽から長安（西安市）に行くには、険しい「函谷関」の関所を通り、さらに「華山」の峰を南に仰ぎ見ながら徒歩の旅を続けなければなりません。疲れも極度に達していたと思われます。吉備真備公たちがこうして目的地の都長安に着いたのは、奈良の都を出て約半年後のことでした。

わたしたち訪中団は、洛陽から西安まで五時間の列車の旅でした。車窓から見る風景のなかでは黄土地帯特有の「ヤオトン」の家が目立ってきました。「ヤオトン」は山の斜面に横穴を掘って住み家としたもので、夏は涼しく冬は暖かく、この地方の風土に適した住まいといわれています。

都の長安は、巨大な城壁に囲まれた城塞都市でした。中国の歴史は、大規模な戦争と動乱

西安市の城壁

西安市の鐘楼

が繰り返される戦乱の歴史であり、とくに北方から押し寄せてくる騎馬遊牧民族との相次ぐ戦争の歴史でした。このため、高くて頑丈な城壁を築いて宮殿を護ろうとしたのです。現在の城壁は「明《みん》」の時代に築造されたもので、唐の時代の城壁はこれの七〜八倍の広さがあり、東西九・七キロ、南北八・六キロにわたっていたといわれています。

唐の時代の長安は、このような城塞都市であるとともに、西にシルクロードが開かれた国際都市でもありました。仏教のほかゾロアスター教、マニ教、ネストリウス派のキリスト教など異国の宗教が盛んで、インド人やイラン人など西域の民族衣装の人々が街を往き交っていました。東西二つの「市」には西域からシルクロードを経由して運ばれてきた「西瓜」

（すいか）「胡瓜」（きゅうり）「胡桃」（くるみ）「胡麻」（ごま）「胡椒」（こしょう）「胡蒜」（にんにく）など様々な品物が売られていました。街のなかでは「胡帽」をかぶり「胡服」姿の唐人が「胡床」の上に「胡座」（あぐら）をかいて「胡弓」と「胡角」（横笛）を演奏し、さらに「胡馬」に乗って颯爽と行く。当時はそんな姿が見られました。西域を意味する「胡」風が一種のブームになっていたのです。

　長安の繁華街の酒場では、エキゾチックな美しさをふりまく「胡姫」（イラン系の娘）の微笑みに誘われて、葡萄の美酒に夜光の杯をかたむける男たちの姿がありました。紅毛碧眼の「胡姫」たちの舞う「胡旋舞」は、アクロバットのような動作の激しい踊りでした。その「胡旋舞」に注がれた男たちの熱い視線とざわめき。そんな異国情趣の漂う酒場の雰囲気が想像されます。

　吉備真備公は、このような長安で十七年間、一生懸命に勉学しました。儒学の古典、例えば「論語」「孝経」「詩経」「易経」「書経」「春秋」「礼記《らいき》」などを勉強し、歴史書では、「史記」「漢書」「後漢書」などを、さらに兵学書では、「六韜三略《りくとうさんりゃく》」「孫子」「呉子」などを学びました。このほか天文学、暦学、建築学、算術、音楽、書道なども学んだとされています。

八

吉備真備公が遣唐副使として二度目に長安を訪れた時には、唐の玄宗皇帝が美人の楊貴妃を熱愛するようになっていました。吉備真備公が大使の藤原清河、副使の大伴古麻呂らとともに天平勝宝五年（七五三）正月元旦、その玄宗皇帝に拝謁したのが「大明宮含元殿」という宮殿でした。

含元殿想像図

含元殿の跡

　わたくしたち訪中団は、陝西歴史博物館の王世平先生の案内でその「大明宮含元殿」の発掘調査の現場を見学しました。発掘調査はほぼ終わり小高い丘の上に大きな礎石が一個残されていましたが、こ

麟徳殿跡

こに吉備真備公が立って「含元殿」に入ったのかと想像すると、何だか急に胸が熱くなりました。

ここは歴史上有名な新羅《しらぎ》との「席次問題」が起こったところでもあります。「大明宮含元殿」で皇帝に拝謁した周辺各国の使節の席順は、あらかじめ決められていましたが、日本の席が朝鮮半島の新羅より下の席になっているのを見た副使の大伴古麻呂は、唐の将軍に抗議し席を入れ替えさせたという事件です。

これを機に、日本と新羅との関係は益々悪化したといわれています。

同じ「大明宮」のなかにある「麟徳殿」は、千人以上の人が入れる当時の大きな宴会場でした。吉備真備公も招かれてこの宴会場で中国の酒を酌み交わしながら、唐の要人と歓談したに違いありません。その「麟徳殿」の跡はきれいに整えられ「唐大明宮麟徳殿遺址」の石碑が建てられていました。

中国の歴史書『旧唐書《くとうじょ》』には、則天武后が日本の第七次遣唐使の粟田真人《あわたのまひと》をこの麟徳殿でもてなしたことが記録されています。

香積寺の善導塔

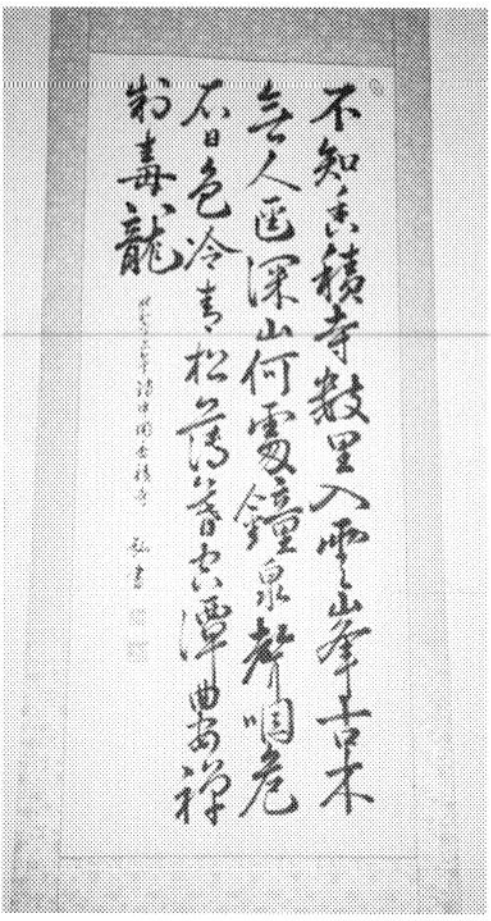
王維の詩

当時の長安で最も高い建物が大慈恩寺の「大雁塔」でした。高さは六十四メートルあります。十七年間にわたってインドの仏教の聖地を巡った「玄奘三蔵《げんじょうさんぞう》」が六四五年に帰国し、持ち帰った膨大な経典を翻訳するために建造しました。日本の僧の道昭は「玄奘三蔵」から教典を学び、日本の「法相宗《ほっそうしゅう》」の第一伝といわれています。吉備真備公もこの塔を見上げて当時の盛んな仏教文化に思いを馳せたことでしょう。

わたしたちは、西安市の数ある仏教寺院のうち長安県にある「香積寺《こうしゃくじ》」を訪れました。そこには高さ三十三メートル、十三層の「善導塔」がありました。中国の浄土二祖といわれた善導大師を顕彰するために初唐の神龍二年（七〇六）に建てられたものです。善導の教えは日本に伝えられ、法然の浄土宗、親鸞の浄土真宗として成立するなど大きな影響を与えたといわれています。

この「香積寺」には、吉備真備公と同世代の詩人王維の「香積寺を過《よぎ》る」という有名な詩があり、寺ではその詩碑の拓本が売られていました。

九

唐の時代の皇帝の墓は、都から西北へ三十キロも離れたところにあります。わたくしたち訪中団は、その一つ、唐の第三代皇帝の高宗が六八四年に、その皇后であった則天武后が七〇六年に、それぞれ葬られた「乾陵」を訪れました。広々とした黄土地帯のなかにそびえる梁山の中腹に「乾陵」は築造されていました。その「乾陵」に至るまでに広大な参道があり、その規模はとても壮観です。参道の両側には石で造った人物像や動物像が立ち並んでいますが、これらの石刻像は重厚な写実美をもち唐代彫刻の迫力を十分に伝えています。

乾陵

則天武后は、高宗の皇后でしたが、高宗の死後は中国でただ一人の女帝となって強い権力を持ち、政敵を次々に葬って独裁権を確立、竜門石窟に巨大な仏像を造らせたり、全国の各州に仏教寺院を造らせたりしました。

この「乾陵」前には高宗の業績を讃えた「述聖紀碑」と、文字が書かれていない「無字碑」が建っています。これらを眺めながら参道を登っていくと、両側に、六十一体の周辺諸国の使者の石像が並んでいるのに出会いました。いずれも首から上が無惨にも切り取られ、顔のない石像でした。とても異様な光景でした。どうして顔がないのかは謎だそうです。

顔のない石像群

永泰公主墓壁画

この近くにある唐の時代の「永泰公主」という皇室の女性の墓が発掘調査され一般に公開されていました。

中国の王世平先生

わたくしたちは王世平先生の案内でその墓の急な羨道を降って中を見学しました。墓室の奥の内壁には、きれいな彩色の「女性群像の壁画」が描かれていました。当時の女官たちの服装を知ることのできる貴重な壁画で、唐代の質感のある女性群を的確に捉え、高雅で気品のある壁画でした。この華麗な壁画に接してみんな思わず歓声をあげました。これは奈良県明日香の「高松塚古墳壁画」の女性像と似ており、そのルーツではないかと日本でも話題になっています。唐の時代の壁画はほかにも数多く知られていますが、日本の古代文化はまさに中国の唐に繋がっているのだと感慨を新たにしました。

西安市の皇帝の墓といえば、「秦の始皇帝陵」が知られ、その近くからは一九七四年に「地下軍団」といわれる「兵馬俑坑」が発見されました。付近の人が井戸を掘っていて偶然に発見したのですが、発掘された兵士や馬は、粘土を焼いて作ったもので、いずれもほぼ等身大の大きさ、すべて東向きに並んでおり、兵士の一人一人の顔形が全部異なっていて、リアルで迫力があります。

その「兵馬俑坑博物館」の一号坑は、巨大なドームに覆われた「発掘現場」そのものでした。二号坑は戦車・騎兵・歩兵の混成部隊、三号坑は地下軍団の司令部です。現在までに発掘された兵士や馬は約五百体ですが、これから発掘が進めば六千体にものぼるといわれています。中国の歴史が如何に奥深いものであるかを物語っています。

　吉備真備公の時代には、この「兵馬俑坑」は勿論まだ発見されていませんでしたが、その近くにある「華清池」には、吉備真備公もきっと足を運んだことでしょう。この「華清池」は、玄宗皇帝と楊貴妃が遊んだ温泉地で、今も温泉の風呂の跡が残されています。盛唐の都長安の文化が華麗に花開き、今まさにこぼれ落ちんばかりの風情です。

兵馬俑坑

華清池

　この「華清池」は中国の現代史の舞台としても登場しました。国共内戦のさなか、東北出身の張学良に対して共産党軍の掃討を督励するため

「華清池」に滞留していた蒋介石が、一九三六年、逆に張学良によって監禁されました。「西安事件」といわれるこの事件は、結局、「延安」にいた共産党軍の周恩来の説得によって収拾され、その結果、第二次国共合作が成立、抗日民族統一戦線が結成されることになった歴史的な事件です。

　第二次国共合作の翌年、昭和十二年（一九三七）に中国に対して侵略を開始した日本軍は、最初は連戦連勝でしたが、やがて蒋介石の国民党軍と毛沢東の共産党軍（八路軍）との激しい抵抗を受けました。そして泥沼の戦いを続けるなか、結局、昭和二十年（一九四五）八月十五日終戦を迎えることになりました。

　中国では戦後再び内戦が始まり、中国共産党軍が台湾を除く中国全土を制圧して一九四九年十月一日「中華人民共和国」を建国しました。

　一九九九年はそれから五十周年の記念すべき年にあたります。

十

西安市の南門に近い環城公園には、一九八六年に建立された「吉備真備記念碑」があり、興慶宮跡の公園には、一九七九年に建てられた「阿倍仲麻呂紀念碑」があります。

吉備真備記念碑

阿倍仲麻呂公は、吉備真備公と一緒に遣唐留学生として長安にやってきましたが、唐の役人として出世したため、帰国が許されませんでした。そして吉備真備公が第十次遣唐使の遣唐副使として再び長安を訪れた時、やっと許されて帰国の途につきましたが、阿倍仲麻呂公の乗った船は、遠く安南（今のベトナム）まで流されてしまいました。中国の港を出る時に、阿倍仲麻呂公が、祖国の日本を懐かしんで詠んだ「古今和歌集」の有名な歌があります。

天《あま》の原　ふりさけ見れば　春日《かすが》なる　三笠の山に　出でし月かも

阿倍仲麻呂公は、一命をとりとめたものの、結局、日本に帰ってくることはなく、唐の官人として皇帝に仕え、異国の地で七十二歳の生涯を終えました。

「日本へ帰りたい」という阿倍仲麻呂公の日本への望郷の想いは、いかばかりだったでしょうか。

別の船に乗っていた吉備真備公と鑑真和上は、無事に日本に着くことが出来ました。吉備真備公は、最後は右大臣にまで出世し、日本の政治や文化に大きな貢献をしました。晩年はふるさとの真備の里に帰り、小田川のほとりの「琴弾岩」の上で愛用の琴を弾いて余生を楽しんだといわれています。そして宝亀六年（七七五）八十一歳の高齢で亡くなりました。

吉備真備公・阿倍仲麻呂公・鑑真和上の三人は、日本と中国との交流に大きな役割を果たしました。

阿倍仲麻呂碑に挨拶

今回、わたくしたち真備町の訪中団は、西安市で何とか吉備真備公・阿倍仲麻呂公を千二百四十六年ぶりに再会させたいと考えました。

まず、四月三日、環城公園内の「吉備真備記念碑」を訪れ、真備町の友好訪中団が訪れたことを報告しました。

団員はやがて興慶公園内の「阿倍仲麻呂紀念碑」を訪れました。そして全員が紀念碑の前に整列し「吉備真備の肖像画」を碑の前に掲げるとともに、団長ら三人が花束を捧げました。次いで、奈良時代の貴族の衣装に身を包んだ訪中団の顧問（実は私）が吉備真備公に扮し、墓の前で「仲麻呂殿、お久しゅうございます」と挨拶文を読み上げました。

最後に尺八の伴奏で全員が「荒城の月」を合唱しました。広い公園のなかに日本の歌声が高らかに響きわたりました。

この模様は西安のテレビ局と新聞社が取材に訪れ、報道しました。

わたくしたち訪中団は「平成の遣唐使」として真備町と交流を続けている西安市長安県(現在の長安区)を訪問することも目的の一つでした。長安県は西安市の南に広がる田園都市で、人口約九十万人、かっての「長安」の名を残す歴史の街です。

副県長と握手(右が筆者)

今回の訪問では、四月二日、長安県長にあてた真備町長のメッセージを渡すとともに、長安県との友好協力関係を一層強めるため、双方に連絡窓口を設けることなどについて長安県の幹部と話し合いました。この結果、真備町と長安県がともに継続的な連絡窓口を設け、友好協力関係を今後一層強化することで合意に達しました。

次いで訪中団は長安県の南街小学校を訪れました。千百五十人の児童に迎えられ、訪中団は真備町内の六つの小学校の児童がかいた書画を贈りました。これに対して南街小学校から書画や手工芸品をたくさん預かって帰りました。最後に校内を見学しました。コンピューター教室などの近代設備の整った規模の大きな学校でした。そこで学ぶ児童たちはみんな規律正しく、表情がとても明るかったのが印象に残りました。

結局、西安市では吉備真備公の足跡を明らかにする確かな資料を見出すことはできませんでしたが、中国の歴史を勉強するうえでは、大きな収穫がありました。

長安県の南街小学校

十一

西安市の訪問を終えてわたしたちは、最後に中国最大の近代都市上海を訪問しました。戦前に「犬と支那人（中国人）は入るべからず」と書かれたガーデンブリッジを渡って、早速、魯迅公園を訪れ「魯迅先生之墓」に参拝しました。この文字は毛沢東が揮毫したものです。

一八八一年浙江省紹興に生まれ戦前に日本に留学したこともある魯迅は、列強によって植民地にされた中国の現実を憂い、中国民族の自立と独立を訴える活発な評論活動を行いました。中国の偉大な作家として今なお篤い尊敬を集めています。魯迅紀念館はちょうど修理中で見学できませんでしたが、魯迅公園のなかを散策しながら、蒋介石による一九二七年の四・一二反共クーデター後の暗い時代の上海に思いを馳せました。

魯迅故居

魯迅の墓の前の魯迅像

公園の近くには赤いレンガ造りの三階建ての「魯迅故居」があり、魯迅はここで一九三三年四月から三六年十月亡くなる少し前まで夫人の許広平とともに住みました。この頃は国民政府による左翼思想家に対する弾圧が厳しく、魯迅はその弾圧を避けるため、一時近くの内山書店にかくまわれたこともありました。

内山書店は旧日本租界の中にあり、今は中国工

魯迅の墓

旧内山書店跡

商銀行の支店となっていました。明治十八年（一八八五）に岡山県芳井町（現在の井原市芳井町）に生まれた内山完造氏は、若くして中国に渡り、一九一七年ここに内山書店を開業しました。そして魯迅や郭沫若らと親交を結ぶなかで、魯迅の危難を幾度か救いました。

　戦後、日中友好協会の理事長として活躍した内山氏は、戦時中から戦後にかけての日中交流に大きな足跡を残しました。

　内山完造氏と親交のあった郭沫若は、一八九二年中国四川省に生まれ、一九一五年（大正四年）官費留学生として日本を訪れ、岡山市の旧制第六高等学校と九州帝国大学医学部に学びました。帰国後は上海で文学運動を続け、一九二六年には北伐戦争に参加、国共分裂後一時日本に亡命し千葉県の市川に住んでいました。その頃の郭沫若からの手紙や原稿は全部内

岡崎嘉平太像

郭沫若

山完造氏が受取人になっていました。その郭沫若は日中戦争が起こると中国に帰って抗日戦に参加しました。一九四九年の新中国成立とともに中国科学院院長、副首相を務めました。

一九五五年には訪日学術視察団長として三十八年ぶりに岡山を訪れました。そして岡山が戦災にあって烏城が焼け落ちたことに心を痛めるとともに、なつかしい後楽園に鶴がいないのを見てさびしがり、その感慨を一篇の漢詩に託して表現しました。その郭沫若から翌年、二羽の丹頂鶴が贈られてきたことはよく知られています。

私事になりますが、当時NHKの駆け出しの記者だった私は、岡山を訪れた郭沫若の動向を取材してラジオで放送しました。その時の郭沫若の学者らしい気品のある風貌と闊達なふるまいが強く印象に残ったことを記憶しています。

犬養木堂像

戦後の日中交流といえば、岡山県賀陽町（現在の加賀郡吉備中央町）出身の岡崎嘉平太氏のことが思い出されます。

岡崎氏は昭和三十八年（一九六三）から日中総合貿易交渉の使節団長として度々訪中、中国側の周恩来首相らとの会談を通して友好条約締結前の困難な日中総合貿易交渉をまとめあげました。戦後の日中交流史のなかでは忘れることのできない人物です。

内山完造氏と岡崎嘉平太氏はともに日中交流の先賢である吉備真備公ゆかりの岡山県の出身です。吉備真備・栄西・雪舟・それに孫文を援助した犬養木堂ら岡山県ゆかりの人物による日中交流の伝統が今に生きていることを改めて認識し、岡山県民としては大いに誇りにしたいものです。

これからは、吉備真備公のこと、日中交流に尽くした先輩たちのこと、広大な国土と悠久の歴史をもつ中国のことを、さらによく学んで日中交流を一層盛んにしたいものです。

（報告会　平成十一年五月）

日中交流ルートの接点

～中国寧波紀行～

中国の江南地方は、豊かな農業生産に恵まれて、古来、経済が発展し文化が栄えてきた。日本ともつながりが深く、とりわけ浙江省の寧波《ニンポー》(ねいは)は日本からの使節船や交易船が数多く出入りした港として「日本船津」の名前まで付いた。その歴史の跡を探って見たいというのが私の永年の夢であったが、この度ようやくその念願がかなえられた。以下は私のささやかな寧波紀行である。

一　河姆渡遺跡

私たちは、寧波の街に入る前に、今から約七千年前の新石器時代に稲作が始まったとされる河姆渡《かぼと》遺跡を見学することになった。紹興から真っ直ぐ延びる高速道路を専用バスで南東に進み、浙江省余姚《よよう》市のインターからいったん一般道に出た。あいにくの悪路を曲がりながら行くと、川幅二百メートル余の川の岸に着いた。余姚の街から東へ二十五キロほど進んだ所だ。この川の対岸が河姆渡遺跡である。

私たちがバスを降りると、川岸の向こう側に留めてあった渡し船がこちらの岸に近づき、船頭がこの船に乗れと合図をする。私たちは約十分間で水量豊かな川を渡り、河姆渡遺跡に到着した。

三個の大きな石で造った標識が私たちを迎えてくれた。さらに進んでいくと、広い柵の中に高床式の住居跡があった。高床を支えるおびただしい数の杭が立てられ、一部の住居跡には掘っ立て柱の家屋が復元されていた。

遺跡の総面積は四万平方メートル。一九七三年と七七年に発掘調査が行われた。遺跡の年代は新石器時代の紀元前五千年から紀元前

対岸が河姆渡遺跡

三千三百年まで続き、第一の層から第四の層まで四つの文化層が堆積していた。最も古い第四層からは、紀元前五千年の稲籾が多量に発見されて注目された。この付近からは同時に煮炊き用土器の底に炭化米が付着しているのが見つかった。これらの稲籾はいずれも栽培種で古い長粒型（インディカ型）を主としながらも、短粒型（ジャポニカ型）が混在していることがわかった。稲の育種学的な発達という観点から見て稲の種類が二つのタイプに分化していく過程を示すものとして貴重な発見とされている。

河姆渡遺跡の住居跡

この遺跡からは、稲作を支えた石製・木製・骨製のそれぞれの稲作道具や工具類も多く発見された。このうちとくに水牛や鹿の肩甲骨を加工した特徴的な鋤先が百七十点も出土しているのが目立っている。土器は稲の茎や殻などを粘土に混ぜた夾炭黒陶と呼ばれるものが多く、煮炊き用の丸底釜がその代表である。

一部の鉢型の土器の面に稲とともに豚や魚などの図柄を刻んだものが発見されており、当時の稲作・家畜・漁労などの経済生活を物語る資料が見つかっているのも重要である。

河姆渡遺跡は、今から約七千年前にこの地で稲作が営まれたことを物語る、極めて貴重な遺跡で、最近では長江下流域を稲作の起源地とする有力な学説も唱えられている。中国の古代文明が黄河流域に限定されるものではなく、長江下流域も一つの古代文明の発祥地として考えるべきだとする視点を提供した点で大きな意義を有するものである。

近年遺跡に隣接して「河姆渡遺址博物館」が建てられた。その館名の題字は一九九二年九月当時の国家主席の江沢民氏によって書かれたもので、館内には三百八十点を越える貴重な出土品が展示されていた。ここでは「日本語」による解説のビデオも用意されていて、私もそのビデオを通じて日本とかかわりの深い稲作のルーツを勉強することができた。

河姆渡遺址博物館

日本の初期の稲作遺跡としては、福岡市の板付遺跡と佐賀県唐津市の菜畑遺跡が知られている。これまで稲作は弥生時代から始まったとするのが通説だったが、近年、板付遺跡や菜畑遺跡で縄文時代晩期の地層から水田の跡や炭化した稲籾が発見され、学会に大きな衝撃を与えた。

日本で約三千年前に始まった稲作は、以後、高温多湿の日本の風土にうまく適合して本土の全域に急速に広がった。ほかの作物より生産性が高く食料としてもカロリーの高い米が、日本人の主食になっただけではなく、稲作にともなう祭祀や習俗、村落共同体のあり方などが日本の文化に深くかかわって来た。

日本文化のルーツとも言える中国の、遙かなる古代文明に思いを馳せながらの河姆渡遺跡の見学は、壮大な古代日中文化交流の接点としての新たな感慨を呼び覚ますものであり、私にとって強く印象に残るものであった。

二　日本船津

河姆渡遺跡の見学を終えて私たちは専用バスで寧波の街に入った。もう夕方近かったので急いで寧波の、かつて「日本船津」があった「三江口」に向かった。

寧波は春秋時代は「越《えつ》の国」に属していたが、唐の時代には「明州」といわれていた。さらに宋の時代には「慶元府」と称され、新法党の王安石が二十七歳の若さで知事を務めたこともあった。寧波といわれるようになったのは明代以降である。甬江に臨んでいることから

「甬《よう》」と呼ばれることもある。古来、中国の代表的な貿易港として栄え、一八四〇年のアヘン戦争の結果、南京条約によって開港となった歴史の街である。

現在の寧波港は東シナ海に臨む甬江の河口にあるが、かつては甬江を二十キロばかりさかのぼった「三江口」が港の中心で「日本船津」といわれた港もこの「三江口」にあった。「三江口」とは寧波市内を流れる余姚《よよう》江と奉化《ほうか》江が合流して甬江となる地点で、寧波市街のほぼ中心にある。

現在の寧波市海曙区の江厦橋を渡るとその両側に公園が広がり市民の憩いの場となっているが、そこがかつての「日本船津」だった。

日本の奈良時代、吉備郡真備町（現在の倉敷市真備町）を中心に勢力を張っていた古代豪族の下道《しもつみち》氏出身の吉備真備《きびのまきび》が遣唐副使として唐に派遣されたとき着いた港がこの寧波の「日本船津」であった。吉備真備は、寧波から杭州に出てそこから大運河を通って開封・洛陽に至り、さらに函谷関を経て都の長安に入った。

平安時代の僧の最澄が中国に渡って着いたのが寧波だった。最澄

寧波の三江口

はそこから天台山に登って天台教学を学んだ。

さらに岡山市吉備津出身の栄西《えいさい》が、日本の鎌倉時代、中国では南宋の時代にこの寧波に着き、一足先に寧波に着いていた俊乗坊重源《ちょうげん》（後の東大寺再建の大勧進）とともに、最澄と同じように天台山万年寺に登って修行した。栄西が着いた南宋の時代、寧波には杭州や広州とともに外国との交易事務を管理する「市舶司」が設けられ、交易品に対して十％の税を取り立てることも行われていた。

時代が明の時代になると、総社市赤浜出身で画聖といわれた雪舟が周防山口の大内船に乗ってこの寧波に上陸した。雪舟は、後に述べるように天童寺で修行したうえ、北京まで出かけて礼部院中堂に壁画を描いたことで知られる。

その雪舟には「唐山勝景画稿」（東北大学図書館蔵）というスケッチ画が残されている。これは雪舟が北京からの帰り道に鎮江から寧波までの風景をスケッチしたものだ。雪舟の真筆ではなく、帰国後に弟子たちが模写したものが残されたが、このうち寧波に

雪舟のスケッチ画の寧波（東北大付図書館蔵・山陽新聞社提供）

ついては、城壁の外に広がる「日本船津」の様子を鮮やかに描いていて明時代の寧波の港の様子を知ることができる。この雪舟の絵では、当時の堅固な城壁と城門が肉太の筆で力強く描かれ、手前の船津には沢山の船が停泊していることがわかる。そして絵には東門・船橋・日本船津・北門・天寧寺・四明駅・湖心寺・南湖などの書き込みがあり、当時の港のたたずまいの様子がよく理解できる。

このうち書き込みのある船橋は、十数隻の木造船を横に並べ、その上に橋を置いたものだ。水嵩の増減にともなって橋が上下する浮橋方式がとられ、河に面した街にふさわしい高度な治水技術が施されていたのである。

三江口内の道元禅師入宋紀念碑

私たちは夕暮れの迫るなか、急いで「三江口」を訪れ、カメラに収めた。引き続いて江厦橋を渡って「日本船津」の跡を訪れた。河に沿った公園の一画には日本曹洞宗の人たちによって建てられた「道元禅師入宋紀念碑」があったが、吉備真備・最澄・栄西・雪舟の名が刻まれた石碑は見あたらなかった。だが、これらの先賢たちは、はるばる日本から荒海を越えてやっとこの地に至った。そのことに思いをいたすと新たな感慨が湧き起こった。

かつてこの「日本船津」は、日本船が着く専用の船着場だった。中国の人々もまたこの「日本船津」から遙か東の日本に向けて旅立って行った。寧波は日中交流ルートの接点になっていたのである。

雪舟が描いたような頑丈な城壁は今はなく、広い立派なメイン道路に生まれ変わっていた。きらびやかなビルのネオンに彩られた寧波の街をバスで通り抜けたが、この街は予想以上に大きな近代的な街という印象を強く受けた。整然とした街には並木があり、清潔できれいだった。中国人ガイドの説明によると、寧波の近くの奉化県が蒋介石総統の故郷であったために、格別にきれいな街に整備されたのだということである。

寧波には唐代に建てられた六角七層の「天封塔」・北宋時代の古い建築様式を伝える「保国寺」・王安石や司馬光が足跡を残した美しい「月湖」・明代の書庫の「天一閣」・アヘン戦争のさいイギリス軍と勇敢に戦った朱貴とその子の昭南を祀る「朱貴祠」・日本やイギリスからの侵略に備えて築かれた「鎮海口海防遺跡」などがあるが、時間の都合で訪れることができなくて残念だった。

寧波は私にとってもう一度ゆっくりと見学したい街の一つである。

三　天童寺

天童寺

寧波市街地から二十五キロ離れた太白山麓にある有名な「天童寺《てんどうじ》」を訪ねることになった。

なだらかな丘陵地帯を山側へ向かってバスは走っていく。途中に小白嶺という峠にさしかかった。そこに高さ三十五メートルの六角七層のレンガ塔があった。この付近に棲むマムシが度々旅人に襲いかかったので、天童寺の心鏡禅師が毒饅頭をまいてマムシを退治した。しかし、生き物の命を絶ったとして禅師は大いに後悔してこの塔を建立したと伝えられている。

そのレンガ塔を過ぎて暫く行くと天童寺だ。

中国仏教禅宗五山の第二に数えられ、千六百年の歴史をもつ中国でも有数の古刹である。周囲を山々に囲まれた長い参道は樹齢数百年以上の赤松の並木が続く。正面に大きな天王殿の姿が目に入る。その後ろに仏殿、法堂、七層の楼閣など二十余の伽藍が建ち並び、その規模はまことに雄大だ。敷地面積は五・八ヘクタールに及ぶ。千年の老木は鬱蒼と生い茂り、太陽の光を遮るほどである。

この天童寺は、晋の時代の三〇四年に義興が庵を結んだところで、唐の時代の開元二十年（七三二）法旋によって創建された太白精舎が、山崩れのためその後の至徳二年（七五七）に宗弼らによって現在地に移された。その後は玲瓏寺と称し、感通十年（八六九）には天寿寺、宋の景徳四年（一〇〇七）には景徳寺と時の皇帝の勅によって次々に寺名を変更した。建炎三年（一一二九）宏智正覚が十六世住持になって禅風を興し、五山の一つに数えられるようになった。その後は禅宗道場として虚菴懐敞《こあんえじょう》、長翁如浄らが住職となった。そして明《みん》代の洪武二十五年（一三九二）に現在の天童寺の名称となった。

現存する伽藍は清《しん》時代のものであるが、多くの建築群を有する天童寺からは幾多の名僧が輩出した。日本からも多くの

天童寺

留学僧が修行に訪れており、臨済宗の開祖栄西、曹洞宗の開祖道元らもこの天童寺で修行した。日本の臨済宗、曹洞宗の信徒は、いずれも天童寺を本山としている。

栄西は、仁安三年（一一六八）先に寧波に来ていた重源とともに天台山に登り、万年寺で天台教学を学んだ。そして帰国すると宋版の『新章疏六十余巻』を天台座主の明雲に献上した。

それから十九年後の文治三年（一一八七）栄西は何とかして仏教発祥の地インドへ旅立ちたいとして、再び中国大陸をめざして寧波に上陸、中国の土を踏んだ。そして都の臨安（杭州）でインドへの旅行許可を求めたが、この頃の南宋は北方遊牧民族の女真族が建てた「金」に圧迫されていたために、旅行許可が降りなかった。悲願を絶たれた栄西は帰国の途についたが、嵐にあって船が流され、浙江省南部の温州瑞安《ずいあん》県に漂流した。栄西はそこから再び北上し、以前に重源とともに登った天台山万年寺に至った。

そこで栄西は臨済禅黄竜派の禅師虚菴懐敞と出会った。栄西はこの禅師から臨済禅をみっちり学び、禅師が天童寺に移ると、禅師に従って天童寺に移り、以後四年間にわたって禅の修行に打ち込んだ。そして栄西は建久二年（一一九一）虚菴懐敞から臨済禅の印可を受けて帰国した。

栄西は帰国のさい、報恩のため天童寺の「千仏閣」を改修することを申し出た。そして二年後に必要な木材を日本から送ると約束した。この約束は二年後には果たされた。確かに日本から木材が船によって運ばれ、「千仏閣」の改修工事は予定通り行われたといわれている。

栄西の門下の道元も貞応二年（一二二三）栄西の弟子の明全らとともに南宋に渡り、天童寺に入って長翁如浄に学び、その法を受け継いだ。天童寺の中には、日本の曹洞宗の人たちによって道元を顕彰する「日本道元禅師得法霊蹟碑」が建てられていた。

私たちに対して中国人のガイドは、道元禅師については詳しく説明してくれたが、栄西や雪舟についての説明がまったくなかった。これに腹を立てた私は栄西や雪舟の説明も加えて欲しいと強く要望したが、そのガイドは栄西や雪舟についての情報や知識を持ち合わせなかったらしい。むしろ栄西や雪舟についての日本側の宣伝不足こそ大いに問題があることを悟った次第である。

雪舟は、中国では明の時代、日本では「応仁の乱」が始まった応仁元年（一四六三）遣明船の一員に加わって中国をめざした。その時に雪舟の乗った周防山口の大内船だけが、正使の乗った幕府船より一年早く寧波に着いた。このために、雪舟は、この一年間、禅の修行道場ともいえる天童寺に入って懸命に禅の修行した。その修行が天童寺に認められて「第一座主（首座）」の称号を授けられた。「第一座主」は修行僧のトップという地位である。それは形式的儀礼的なものだとする説もあるが、何と言っても名刹天童寺は中国の禅宗五山の第二位に数えられ、当時かなりの権威があったのだから、その「第一座主」の栄誉を受けたことはやはり特筆すべきことだったと思われる。

四　阿育王寺

私たちは次に「阿育王寺《あいくおうじ》」を訪れた。寧波市街地から十六キロ離れた太白山麓にある。天童寺からの帰り道の方角である。

この阿育王寺もまた千七百年の歴史をもつ古刹だ。前後に山が迫り、一帯に老木が鬱蒼と生い茂っていた。黄色の山門をくぐって天王殿へ向かう。池の前の大きな建物が水面に美しい影を映していた。その天王殿の後ろが大雄宝殿、次いで舎利殿、法堂と続く。舎利殿のなかに七宝《しっぽう》で飾られた木塔の中に舎利塔が安置されている。

阿育王寺

この寺も禅宗の寺で、天童寺と同じように禅宗五山の一つである。五山は、余杭の径山寺・杭州の霊隠寺・杭州の淨慈寺・先の天童寺・今回の阿育王寺で、日本でもこれに倣って京都五山・鎌倉五山が設けられたことはよく知られている。

寺の縁起によると、阿育王寺は晋の太康二年（二八二）劉薩可（慧達）が赤馬に乗り、黒犬を連れ、青鷹を放って生き物を捕らえたことから、死後に閻魔の前に引き出されて厳しい尋問を受けた。罪は重く、当然地獄に墜ちる筈であったが、命数が尽きてないというわけで出家して仏門に入ることを許された。そしてインドのアショーカ王が造った舎利塔の一つを探すことになった。訪ね歩いた劉は、やっとこの地に来て地中から響く妙なる鐘の音を聞き、夢中で掘り進めているうちに、ついに宝塔を発見した。この寺はその宝塔を安置するために建てたものだとされている。その頃から東晋五十五寺の一つとして著名な寺となったようである。

舎利塔は、古代インドのマウリヤ王朝の第三代アショーカ王（阿育王）が、建立した八万四千の塔の一つで、古くから多くの人々の信仰を集めてきた。

アショーカ王は、紀元前二百年代に全インドを最初に統一した大帝王である。最初は武力で領土の拡大に努めたが、在位九年目にカリンガ王国を征服した後、戦争の非人道性を痛感し、以後武力政策を放棄し、仏教による政治を行うことを宣言した。そして領土内各地の摩崖や石柱に詔勅を刻印させた。また王は釈迦の舎利を納めるストゥーバ（仏塔）八万四千塔を建立させた。これら仏塔の一つがこの阿育王寺の宝塔である。

東晋時代になると寺は次第に整えられ、梁の武帝の時代になって現在の名前を賜ったが、その後も改名が続き、以後千年の間、火災や興亡を繰り返した。従って建物や遺跡は、各時代のものが混在しているのだが、しかし、寺宝は多く、建築・絵画・彫刻・庭園・書道・碑刻など大量の文化財が大切に収蔵されている。なかでも宝塔の中に納められた仏舎利は、その代表的なものである。

阿育王寺の塔

この阿育王寺には、唐の時代に揚州大明寺の鑑真《がんじん》和上《わじょう》が三回目の日本への渡海のさい立ち寄ったことがある。日本からの留学僧も多く修行に訪れており、なかでも栄西は最初の渡宋の時に重源とともに、ここに立ち寄ったことは、記録に残されていて確かである。

雪舟もここを訪れた形跡があり、中国でのスケッチ画のなかに「育王山寺図」があり、寺の西側にある美しい塔を描いている。この塔は高さ三十五メートル、六角七層のレンガ塔で、元朝末期の至正二十五年（一三六五）に建てられたといわれている。

私たちが阿育王寺を訪れた時は参拝客や観光客も少なく、あたりは深い静寂に包まれていた。この寺のもつ古色で厳粛な雰囲気のたたずまいに浸りながら、付近の散策を楽しんだ。周囲を深い山に囲まれた樹林のなかから鑑真和上の姿がふと現れ出るようなそんな錯覚にとらわれた。ひときわ高くそびえる塔の陰からは、絵筆を持った禅僧姿の雪舟がにこにこしながらこちらへ近づいてくる、そんな幻想の世界に入り込んだような趣だった。

このように私にとって中国の歴史を訪ねる旅は、まことに楽しく、わくわくするような興奮の連続であった。かねてから文献で調べていた事象に巡り会えた時の喜び、勝手な想像や推理を巡らせて古代世界に遊ぶ醍醐味、そんな知的探索の旅の楽しみは尽きることがないのである。

（注）私たちの寧波訪問は平成十二年十月十五日と十六日の二日間

（高梁川　平成十三年）

中国史の多彩な群像

～杭州・紹興の旅から～

一　越王勾践と呉王夫差

中国の江南地方にある浙江省会稽山の麓に越州（紹興）があり、春秋時代の「越《えつ》」の国があった。この国と姑蘇（蘇州）を都とする「呉《ご》」の国とは、互いに敵対関係にあった。

紀元前四九六年、今から二千五百年前、呉王の闔閭《こうりょ》は、越王勾践《こうせん》と戦ったが、勾践の軍略にかかって破れ、敵の矢に当たって傷が悪化し、間もなく死亡した。臨終の時、闔閭は子の夫差《ふさ》に「必ず越に復讐し、呉の恨みを晴らすように」と遺

紹興（越）の街

言して亡くなった。

　父の後を継いで呉王となった夫差は、夜な夜な薪の上に臥して父の遺恨を忘れず復讐の心を研ぎ澄ませた。こうして夫差は、日夜、復讐を誓い、時の至るのを待った。

　このような呉王の動きを知った越王勾践は、機先を制して呉を討つ決意を固め、その臣范《はん》蠡《れい》の諫めも聞かず兵を起こした。両軍は夫椒山で激突したが、勾践は復讐に燃える呉軍のために無惨に敗北した。勾践は敗残の兵を引き連れて会稽山《かいけいざん》に逃れた。追撃してきた呉軍によって会稽山は全面的に包囲された。進退窮まった越王勾践は、呉王の臣下になるという条件で涙を呑んで降伏した。越の国を再び興すためには生きて恥を忍ぶ以外にはない、という范蠡の忠告に従ったのである。

うっすらと見える会稽山

　呉王夫差は、降伏してきた越王勾践を勝者の襟度をもって許した。その後、勾践は故国へ帰ることができたが、かつて呉王夫差が薪の上に臥して亡父の遺恨を思い起こし復讐の念を掻き立てたように、今や勾践は、常に傍らに胆を備え、その苦い味をなめて「会稽の恥」を思い返し、復讐の念を刺激した。そして自ら耕作し、部下の忠言をよく聴き、苦難に耐

蘇州（呉）の楓橋

え、ひたすら国力の増進に努めた。

　こうしたなかで臣の范蠡は、秘かに絶世の美人といわれた「西施《せいし》」を呉王夫差のもとに送った。

　夫差はその西施がたいそう気に入り寵愛すること甚だしかった。夫差は越の国を平定し西施という美女を得て得意の絶頂期にあった。

　こうして十二年が経過した。これまで隠忍自重してきた越王勾践は、呉王夫差が杞の黄池に諸侯を集めて天下に覇をとなえているスキを狙って一挙に呉に攻め入った。だが、決定的な勝利をおさめることはできなかった。そこで四年後に再び呉を攻め、さらに二年後越軍は呉の都の姑蘇城に迫り、その翌年姑蘇城を囲んでようやく呉を降伏させた。

　ここにやっと「会稽の恥」をすすぎ得た越王勾践は、夫差を流罪にしようとしたが、夫差はいさぎよく自らの首をはねて自害して果てた。

　勾践はさらに軍を北に進めて淮河《わいが》を渡り、斉《せい》・晋《しん》の諸侯と徐州に会し、呉に代わって天下の覇者となった。

復讐の心を抱き常にそのことを忘れないで辛苦することを「臥薪嘗胆《がしんしょうたん》」というのは、この呉王夫差と越王勾践のそれぞれの故事によるものだ。

そのゆかりの地の蘇州は縦横に水路が巡らされた「水の都」で、呉王夫差の父の闔閭が埋葬されたという「虎丘」がある。埋葬三日後に白い猛虎が現れて墓を守ったという伝説からこの名がついた。奥にそびえる雲巖寺塔は八角七層で十五度傾き、中国のピサの斜塔といわれている。

越の国の会稽山は高くそびえ立つ山ではない。幾つかの峰をもつ山塊である。この度の中国旅行で紹興を訪れた時、その会稽山に登ることは出来なかったが、紹興の街は見学した。白壁と独特の屋根瓦の街は、多くの水路に囲まれており、蘇州と同様「水の都」である。どちらものどかで静かなたたずまいの風格のある街だ。

蘇州の虎丘傾塔

さて、越王勾践の忠臣である范蠡の名は、日本にも伝えられた。

范蠡といえば『太平記』の後醍醐天皇と児島高徳との逸話を思い浮かべる人も多いと思われる。

元弘二年（一三三二）三月、鎌倉幕府によって後醍醐天皇が日本海の隠岐島に流されることになった時、備前の武士の児島高徳が、途中で天皇を奪回しようとした。『太平記』によると、高徳は一族とともに播磨との境にある船坂峠で天皇を待ったが、天皇は山陽道を通らず播磨の今宿（姫路市）から美作へ向かったことがわかった。そこで高徳らは杉坂（美作市作東町）で待ち合わせようと三石から山中の険しい道を走ったが、これまた遅く、天皇はすでに院庄《いんのしょう》（津山市）に入っていた。落胆した一族はもはやこれまでと諦めて解散したが、高徳一人は諦めず院庄に急行した。そして貧しい身なりに姿を換え、院庄の御座所をうかがったが、厳しい警護のため中へ忍び込むことができない。そこで高徳は、御座所の近くの桜の幹を削り、一気に次のような詩を刻んだ。

天　勾践を空しうするなかれ
時　范蠡なきにしもあらず

天は幽閉された越王勾践（この場合は後醍醐天皇）を空しく殺し奉ってはならない、時に越王をたすけて恥をそそいだ范蠡のような忠臣（高徳）がいないことはないのだ、という意味である。

児島高徳が備前のどこに本拠を置く武士だったか明らかではない。高徳は実在の人物ではなく『太平記』がつくりあげた架空の人物とする説もある。これに対して児島高徳を実在の人物とする説も依然強く、例えば岡山大学元教授の藤井駿氏は児島高徳実在論の有力な手がかりを示している。谷口澄夫氏の『岡山県の歴史』では、藤井氏の研究を引用し「邑久郡豊原庄の地頭の今木氏や大富氏などが高徳と近い関係にある一党であったこと、後に高徳が今木・大富・和田の各氏らとともに邑久平野の北方の熊山で旗揚げしていることなどから、豊原庄に近い邑久郡内に本拠をもつ土豪の一人であったことは、ほぼ確かのようにおもわれる」と述べている。

二　王羲之と王献之

書は中国を中心とした漢字文化圏特有の芸術である。

もともと漢字は、世界四大文明の一つ黄河文明のなかから生まれた。中国の伝説上の帝王の三皇五帝の黄帝の時代に、蒼頡《そうけつ》が物の形を表した象形文字として創製したといわれているが、今日では伝説とされている。

実際に文字がつくられたのは、約三千年前の殷の遺跡から多数の甲骨文字が発見され、さらに出土した古代銅器に刻まれた銘文が多く見つかったことから、殷の時代とされるようになった。

その後、秦の始皇帝が全国を統一し、これに伴って文字の統一を行い、篆《てん》書を正式な公用文字とした。篆とは筆を引き延ばして書く書体で、前代には見られない均斉のとれた端正な、統一国家にふさわしい書である。しかし、この篆書は字が煩雑で実用には不便であった。このため曲線から直線へと省略整理され、書写に便利な新しい書体が生まれた。これが隷《れい》書である。

次の漢の時代は、基本的に秦の隷書を引き継ぎ、さらに発展させて隷書の全盛時代をつくりだした。漢代の各地の遺跡からは刻石が多数発見され、さらに東トルキスタン・敦煌・居延などから膨大な数の木簡が見つかって、漢代の隷書の実態が明らかになりつつある。

前漢から後漢を経て魏・呉・蜀の三国時代に入ると楷書が現れ、これまでの隷書から徐々に楷書へ移行する過渡期の様相が見られるようになった。一部に行書、草書も見られるようになる。

このようにして六朝《りくちょう》時代を迎える。六朝とは建康（今の南京）に都を置いた呉・東晋・宋・斉・梁・陳の六代にわたる三百七十余年を言うのだが、文学芸術上では晋から以降、なかに北朝を入れて、隋の統一までおよそ三百二十年間を六朝時代と称し、南朝と北朝とに大別する。六朝は楷書・行書・草書が著しく発展し、それらの書体が錬磨鍛錬され、芸術の域に達した時代である。「北碑南帖」といわれたように、北方では石刻が多く、楷書に優れた技を見せているのに対して、南では法帖が多く、行書と草書に絶技を伝えた。

　こうしたなかで王羲之が登場したのだ。

　王羲之は、王曠の子として山東省瑯邪臨沂に三〇三年に生まれた。字は逸少で永和七年（三五一）右軍将軍に任ぜられ、会稽内史として会稽山陰（浙江省紹興）に赴任したことから、王右軍の称もある。書は初め衛夫人に学び、後に研鑽を重ねて各書体ともに能くし、至高の書道家として隋・唐以来「書聖」と仰がれて今日に至っている。その第七子の王献之とともに「二王」と称せられ、中国書道の正統の宗師と仰がれて日本の書道界にも大きな影響を与え続けている。

　梁の武帝は、その書を評して「字勢雄強にして、竜の天門に跳り、虎の鳳閣に臥すが如し」と絶賛している。唐の第二代皇帝の太宗は、王羲之の書をことのほか愛し、「心慕手追するはこの人のみ、その余の区々たる類、何ぞ論ずるに足らんや」と激賞している。

　王羲之はただ書道家であるだけではなく、武人としてもなかなかの重鎮であり、その人柄は穏健で気品が高く貴族としての風格を備えた人格者といわれている。

　その王羲之の書として最も有名なのが「蘭亭叙」だ。古来、「天下法書第一」と貴ばれ、行書学習の必習帖とされてきたものである。

永和九年（三五三）三月三日、江南の文人墨客四十一人が会稽山陰の蘭亭に会し、曲水の宴を張り、詩を賦して行く春の一日を清遊した。そしてこの時、王羲之は各人の詩を集めてその序文の草稿を書いた。二十八行、三百二十四字の行書体は、変化の妙を尽くした神品の出来映えで、王羲之自身にとっても会心の作であった。ために王羲之は草稿のまま家宝として子孫に伝えた。これは綿々として王家に伝わり、七代の子の僧智永に至ってその弟子の弁才に伝えられた。

唐の第二代皇帝の太宗は、何としてもこの「蘭亭叙」が欲しいと思ったが、弁才は「所在不明」だとしてこれに応じなかった。このため太宗は尚書僕射（長官）の房玄齢に相談した結果、監察御史の蕭翼が知謀に長けているとして蕭翼に命じて何とか「蘭亭叙」を手に入れることを考えた。蕭翼は二王の楷書帖を携え書生と称して弁才に近づき、互いに囲碁をしたり歴史を語ったり琴を弾じたり、さらには詩を作ったりして友人のように親しくなった。こうして十日ほど経った時、蕭翼はおもむろに二王の楷書帖を弁才に見せると「正筆なり見事なり、されど未だ佳ならず、われ貧僧なれど不似合いのものを秘蔵す。王羲之の蘭亭叙なり」と遂に自分が所持していることを明らかにした。そして二王の楷書帖と「蘭亭叙」をお互いに批評しながらも、蕭翼は「蘭亭叙」についてさして気に留める風も見せなかった。弁才は警戒心をなくし「蘭亭叙」を机の上に放置したまま或る日外出してしまった。蕭翼はその留守に「蘭亭叙」と二王の楷書帖を持ち出して永安駅にまで走り、そこで弁才を呼び出し自分が書生ではなく監察御史の蕭翼であると名乗った。そして自分が王羲之の「蘭亭叙」を求めていることを打ち明け、その「蘭亭叙」と別れてくれないかと言った。弁才は気絶せんばかりに驚いたが、もはやどうすることもできなかった。

このようにして念願の「蘭亭叙」を手に入れることが出来た太宗は、趙模・韓道政・馮《ふ》承素《しょうそ》・諸葛貞らの能書家に命じて臨書させ、皇子・諸王・近臣に恩賞として与えた。そして原本の「蘭亭叙」は、貞観二十三年（六四九）太宗の臨終とともに、遺言によってその遺体と一緒に長安郊外の昭陵に埋葬された。こうして「蘭亭叙」はこの世から消え去ってしまったのだ——。

伝存する「蘭亭叙」の臨書本は、欧陽詢《おうようじゅん》系の定武本、褚遂良《ちょすいりょう》系の神竜半印本、虞世南《ぐせなん》系の張金界奴本、馮承素《ふしょうそ》系の馮承素本がある。そのほか臨書本の数は枚挙にいとまがなく、現在では二百種類に及んでいる。

そのような「蘭亭叙」が書かれた所が紹興北郊の蘭渚山の麓にある「蘭亭」だ。竹林のなかの石畳の道を進んでいくと池があり、そこに「鵞池」の碑が建つ。その文字は龍が飛び、風が舞うように、のびやかで力強い。一説によると「鵞」は王羲之の手筆、「池」はその子の王献之の書だといわれている。二字のうち一字は細く、一字は太く、鮮明に「二王」の書

王羲之ゆかりの蘭亭

法の風格を表現しているようだ。その近くには、清の康熙帝の書いた「蘭亭」の碑がある。閑静な公園として整備されており、地元の娘さんたちによって「曲水の宴」の趣向が再現されていた。

王羲之の書としてはほかに「集字聖教序」と「興福寺断碑」があり、法帖としては「十七帖」「喪乱帖」「九月十七日帖」「遊目帖」「樂毅論」などが知られている。このうち「樂毅論」は、王羲之の楷書としては第一にあげられるもので、末尾に「永和四年十二月二十四日、書付官奴」とあることから、子の王献之に与え、王羲之の秘法を子孫に伝えようとしたものと見られる。戦国時代の燕の宰相である楽毅の言行について、後の三国時代の夏侯玄が論じた長文の文章である。日本では奈良時代の光明皇后がこの「樂毅論」を臨書し、正倉院の御物の一つとして残されている。その臨書本もまことに気品高く、躍動的な素晴らしい書で、その筆端には圧倒されるような気迫がある。巻尾に「天平十六年十月三日　藤三娘」と署名され、藤原不比等の第三子に当たることを表している。

王羲之の第七子の王献之は、父に劣らなかったばかりか、父以外の新生面を開いた。世に父を大王、子を小王と呼び、父とともに「二王」と称せられたことは先に述べた。概して大王の書は温雅上品な趣にとみ、小王の書はさらに峻邁なる風が見える。王献之の書としては「地黄湯帖」「中秋帖」「洛神十三行」「二十九日帖」「淳化閣帖」などがあり、このうち「淳化閣帖」のなかでは二巻にわたる多量の書簡が収められている。

三　陸羽

中唐の時代を生きた陸羽は、『茶経』を著し「茶神」と称えられている。

中国の代表的な茶の一つ杭州の「龍井茶《ロンジン》」の産地を訪ねた。杭州の街の西方に位置する丘陵地には茶畑が広がり、そこに「茶葉博物館」があった。そして博物館の入り口には陸羽《りくう》の像が飾られていた。

もともと茶の起源は、中国の照葉樹林帯、つまり夏に雨が多く温暖な気候に恵まれた地域と考えられており、とくに中国の雲南・貴州・四川の各省が原産地と思われる。布目潮風氏の『中国名茶紀行』によると、雲南省南糯山には高さ五メートル、根廻り一・四メートル、

陸羽像

樹齢八百年の大きな茶樹があるということだ。このような大きな茶樹が雲南省で十例、貴州省と四川省でそれぞれ三例確認されていることから、中国における茶の起源は、この三省一帯と考えられている。

この地域に住む少数民族の間で、初めは茶の葉を生のまま食べたり、煮たり漬け物にしたりして食べていたといわれているが、それが何時から喫茶として飲用されるようになったのか明らかではない。後に漢民族との交流によって茶葉の加工技術が進み、今日のような喫茶として茶が普及したのではないかと見られている。

喫茶に使われる茶の種類は、その製茶方法によって大きく三種類に大別される。発酵されないままの未発酵茶を緑茶と言い、中国式の釜いり茶と日本式の蒸し茶の二つがある。中国の緑茶は杭州の龍井茶、蘇州の碧螺春が代表的。華北でよく飲まれるジャスミン茶も茉莉花の香りをつけた緑茶である。日本の番茶・煎茶・玉露・抹茶の原料もすべて緑茶である。

茶の発酵を半分程度に抑える茶を半発酵茶と言い、中国の福建省と台湾を中心とした地域で生産される烏龍茶（ウーロン茶）が最も代表的な茶である。

これに対して発酵茶といわれるものが紅茶である。紅茶といえば何か別の種類の茶の葉を使うように誤解されがちだが、中国産の普通の茶の葉をつぶして充分発酵させ、紅茶独特の香りを出すようにしたものである。以前の中国では緑茶だけであったが、近代になって紅茶が生産され始め、今でも中国の紅茶は茶の全生産量の四分の一を占めている。

中国で喫茶の風習が始まったのは、三国時代といわれており、唐の時代に盛んになった。後唐の封演の『封氏聞見記』には、陸羽の『茶経』が世に出て以来、喫茶の風習が一般に盛んになったと述べている。

その『茶経』の著者の陸羽が生まれたのは、唐の玄宗の開元二十一年（七三三）、出生地は湖北省天門市で、捨て子であったといわれている。彼の陸という姓は拾った僧の俗姓が陸であったからとする説、「易」の卦《け》に基づいてつけられたとする説があるが、確かではない。彼は幼い頃から勉強好きで漢字や儒学を学び、寺を出てからは、役者や演芸者の仲間に入り、脚本などを書いて生計を立てていた。

天宝五年（七四六）地方長官の李斉物《りせいぶつ》が赴任してくると、陸羽はその李に才能を認められ、一層勉学に励むようになった。素性も知られぬ陸羽がこうして知識人の仲間入りをしたことから、天宝十一年（七五二）には副長官として来た詩人の崔国輔《さいこくほ》と交わり、読書と著作の日々を過ごした。この頃『茶経』の著述に専念したのではないかと思われる。

書家として知られる顔真卿《がんしんけい》が湖州長官として赴任してきたのは、大暦八年（七七三）のことであった。この時、顔真卿は『韻海鏡源』という辞典を編纂していたが、陸羽はこれに参画し、多くの学者と交わった。その後の陸羽の経歴はまったく不明で没年も定かでない。恐らく生涯のライフワークとして『茶経』の最終的な完成をめざしていたのではないかと考えられる。

『茶経』は十部により構成されている。その一之源は茶の起こり、二之具は製茶器具、三之造は製茶法、四之器は茶器、五之煮は茶の煮立て方、六之飲は茶の飲み方、七之事は茶の史料集、八之出は茶の産地、九之略は略式の茶、十之図は茶経を一幅に書いて掛けておくこと、以上十部による記述は茶に関するオール・アバウトの構成となっている。まことに「茶の聖典」といわれるにふさわしいもので、以後中国において『茶経』に匹敵する体系的な書物は現れていない。

一之源は「茶は南方の嘉木なり」に始まり、中国南部の亜熱帯地方が茶の原産地であることを述べている。『茶経』の詳しい内容は省略するが、最後に「城邑の中、王公の門、二十四器」と結んでいる。

正式な茶のたしなみ方は厳然と存在していたのだ。その象徴が二十四器で、王公の門では必ずこれを揃えて茶をたしなめ、と強調している。陸羽はすでに「茶道」に言及しているのである。後に書かれた封演の『封氏聞見記』では「陸羽は茶論をつくり、茶具二十四器を造る。ここにおいて茶道大いに行われ、王公朝士飲まざるは無し」と述べている。

陸羽は後に茶の業者によって「茶神」と称えられているが、捨て子という逆境のなかで苦学を重ねながら多くの知識人から学び、茶一筋に生きた陸羽は、後世に大きな遺産を残したと言える。

そんな陸羽によって体系づけられた中国の茶が日本に伝えられたのは、奈良時代といわれているが、平安時代の僧の最澄は、中国に渡って天台山の茶を日本にもたらし、これが比叡山東麓の「日吉茶園」になったとする言い伝えがある。空海も中国から茶を持ち帰ったという伝承がある。平安時代には、天皇や一部の貴族の間で喫茶の風習が始まったと考えられる。

茶の栽培と喫茶のことが再び現れるのは、岡山県吉備津出身の栄西禅師によってである。栄西が訪れた南宋の時代の明州（寧波）、越州（紹興）、臨安（杭州）などでは、「餅茶《へい》」による喫茶の風習が広く行き渡っていた。「餅茶」は茶葉をこしきで蒸して搗き固めたもので、日本の抹茶のように粉末にして飲んでいたようである。

栄西は中国から持ち帰った茶をもとに、日本で茶の栽培を広め、喫茶の普及に努めた。

その後、戦国時代になって千利休が「茶道」を完成させていくのは周知のことである。岡山の後楽園では毎年五月「栄西奉賛茶会」が開かれ大勢の茶の愛好家たちで賑わっている。

四　白居易と蘇軾

西湖の白堤

浙江省の杭州といえば、風光明媚な西湖のことがまず頭に浮かぶ。その西湖を訪れる機会に恵まれ、遊覧船でひとときの西湖の旅を楽しんだ。「西湖十景」の言葉があるように、西湖には様々な風景があり、四季折々、朝・昼・夜のそれぞれの趣がある。その西湖に「白堤」と「蘇堤」という長い堤があり、それぞれに柳の並木が植えられ、それが風にそよいでいて西湖の美しさをひときわ際だたせている。

「白堤」は唐代の官人で詩人の白居易（白楽天）が築いたものであり、「蘇堤」は宋の時代の詩人で政治家でもあった蘇軾《そしょく》（蘇東坡）が築いたものである。

白居易は、襄州の副長官であった父季庚の子として陝西省渭南県に生まれ、貞元十五年（七九九）安徽省宣州で科挙の試験を受けて合格、さらに翌年都の長安で最終試験に合格して進士となった。その三年後の貞元十九年（八〇三）ようやく官僚の位を得ることになった。その職は秘書省校書郎（宮廷図書館職員）で、その三年後には都に近い県の地方官となった。白居易はこの頃から詩をつくり始め、唐の玄宗皇帝と楊貴妃の愛を歌った有名な「長恨歌《ちょうごんか》」をつくった。そして元和三年（八〇八）天子の側近の左拾遺に就任したのが三十七歳、この頃「新樂府《しんがふ》」五十首や「秦中吟《しんちゅうぎん》」十首など社会批判と自己主張の強い作品をつくった。

元和七年（八一二）宰相武元衡《ぶげんこう》暗殺事件にからんで越権行為があったこと、白居易に社会批判の思想があったことなどが災いして江州（江西省）の司馬（副長官）に左遷された。馴れない地方官の傍ら近くの名勝「廬山《ろざん》」の麓に草堂を構え、詩作の時を過ごした。社会批判から自然風詠へと詩風が変わっていく。

日高睡足猶慵起　　日高く　睡り足りて　猶お起くるに慵《もの》うし
小閣重衾不怕寒　　小閣に衾《しとね》を重ねて　寒さを怕《おそ》れず
遺愛寺鐘欹枕聴　　遺愛寺の鐘は　枕を欹《そばだ》てて聴き
香炉峰雪撥簾看　　香炉峰の雪は　簾を撥《かか》げて看る
匡廬便是逃名地　　匡廬は　便ち是れ名を逃るるの地

司馬仍為送老官　　司馬は　仍《な》お老いを送るの官為《た》り
心泰身寧是帰処　　心泰《やす》く　身寧《やす》きは是れ帰する処
故郷何独在長安　　故郷　何ぞ独り長安にのみ在《あ》らんや

この詩は江西省廬山の連峰のうち香炉峰を詠んだもので「遺愛寺の鐘は枕をそばだてて聞き、香炉峰の雪は簾を掲げて見る」は、日本では清少納言の「枕草子」にも引用されて有名だ。

白居易が再び都に帰ったのは元和十五年（八二〇）四十九歳の時であった。次いで長慶二年（八二二）杭州の刺史（長官）として赴任し、西湖の浚渫工事を行い「白堤」と後に呼ばれる長い堤防を築いた。

湖上春来似画図　　湖上春来　画図に似たり
乱峰囲繞水平鋪　　乱峰囲繞して　水平らかに鋪《し》く
松排山面千重翠　　松は山面に排す　千重の翠《みどり》
月点波心一顆珠　　月は波心に点ず　一顆《いっか》の珠《たま》
碧毯線頭抽早稲　　碧毯《へきたん》の線頭　早稲抽《ぬ》きんで
青羅裙帯展新蒲　　青羅の裙帯《くんたい》　新蒲展《の》びたり
未能抛得杭州去　　未だ杭州を抛《なげう》ち得て　去る能《あた》わず

一半拘留是此湖　一半拘留するは　是此の湖

西湖一面に春が来てその景色はまるで絵に描いたようだ。高低ふぞろいの峰がまわりを取り囲み、中央の湖水はまったいらにひろがる。松山は山肌に並べ連ねられたかのように、幾重もの翠が眺められ、月が湖心にぽつんと映った姿は、さながら一粒の真珠のようだ。深緑のカーペットの糸の先かと見えるのは、早稲が穂を出したもの、薄絹のスカートや帯かと見えるのは、伸び始めた蒲の穂。私は杭州を放り出して帰ることができないが、その半分の理由がこの西湖なのだ。

西湖からの去りがたい思いを白居易はこのように歌い上げる。

白居易は、会昌二年（八四二）刑部尚書（法務大臣）を最後に引退、晩年は洛陽近くの「竜門石窟」の対岸の香山に隠棲し、『白氏文集』七十五巻を完成、この地で七十五歳で亡くなった。『白氏文集《はくしもんじゅう》』は今日七十一巻が残されたが、これは日本にも伝えられて広く読まれ『源氏物語』にも影響が見られる。

時代が下って次は宋の時代。

西湖の蘇堤

蘇軾《そしょく》は商人を先祖にもつ家柄の出身で、弟の蘇轍《そてつ》とともに宋の時代の嘉祐二年（一〇五七）揃って科挙の最終試験に合格した。試験委員長は当時詩文の大家であった欧陽修であった。嘉祐六年（一〇六一）蘇軾は鳳翔府《ほうしょうふ》（陝西省）の事務官として官僚生活のスタートを切った。この頃、青年皇帝神宗治下の宋の中央政界では、王安石の新法運動が始まっていた。

王安石は一〇二一年江西省臨川の生まれで二十二歳で進士に合格、エリート官僚の道を進み、二十七歳の若さで浙江省寧波《ニンポー》の知事になった。その後も出世を続け、遂に宰相に昇ったうえ、新法党として約十年にわたって政治改革に努めた。こうした急激な改革に対して司馬光らの旧法党が反対、新法党との間で激しい政争が起こっていた。

新法党に批判的な蘇軾は、新法党の勢いがあまりにも強かったために、願い出て杭州の副知事となった。さらに密州・徐州・湖州の知事となった。その後、王安石は引退したが、蘇軾のつくった詩が新法を批判しているとして元豊二年（一〇七九）蘇軾は、王安石の後継者によって逮捕され、都の獄につながれた後、黄州に流された。この五年間のうちの代表作が『赤壁の賦《ふ》』である。

中央の政界では、神宗が崩御し十歳の哲宗が即位すると、宣仁太后《せんじんたいこう》が摂政となり、旧法党に政権が移った。はからずも蘇軾は中央の政界に復帰したが、政争に嫌気がさして元祐四年（一〇八九）杭州の知事として赴任した。そして西湖の浚渫工事を手がけ、「蘇堤」を築くなどの事績を積んだ。

しかし元祐八年（一〇九三）哲宗の親政が始まると再び新法党が政権の座に就き、五十九歳の蘇軾はすべての官職を奪われ、遠く恵州（広東省）へ流罪になり、さらに海南島へ流された。元符三年（一一〇〇）哲宗が亡くなると名誉が回復され、都へ帰ろうとするが、旅の途中病のため常州で六十六歳の生涯を閉じた。まさに波乱に満ちた生涯だった。

蘇軾の詩といえば「春夜」が最も代表的。

春宵一刻直千金　　春宵《しゅんしょう》　一刻直《あたい》千金
花有清香月有陰　　花に清香有り　月に陰有り
歌管楼台声細細　　歌管楼台　声細細
鞦韆院落夜沈沈　　鞦韆《しゅうせん》院落　夜沈沈

春の夜の美しさを歌った七言絶句である。

西湖をこよなく愛した蘇軾には、次のような「湖上に飲す」という有名な詩がある。

水光瀲灔晴方好　　水光　瀲灔《れんえん》として　晴れて方に好く
山色空濛雨亦奇　　山色　空濛《もう》として　雨も亦た奇なり
欲把西湖比西子　　西湖を把《と》って　西子に比せんと欲すれば
淡粧濃抹総相宜　　淡粧　濃抹　総て相宜し

西湖の美しさを、越の国から呉の夫差のもとに送られた美人の「西施」にたとえて見るならば、薄化粧、たんねんな化粧、なべてみな風情がある、と歌ったものである。

白居易も蘇軾も、ともに政治の世界を志しながら、豊かな感受性と繊細な感性を持っていたがために政治家として大成することはなかった。むしろ白居易も蘇軾も政争の激しい都を離れ地方官として生きることを望んだ。白居易は一度左遷され、蘇軾は二度も遠くへ流された。そのような不遇な政治生活だったからこそ、二人とも本来の詩人としての資質によって精彩を放ち、後世にその名を残し得たのだと思われる。

五　岳飛と秦檜

浙江省の杭州西湖のほとりにある岳飛《がくひ》の墓「岳王廟」を訪ねた。岳飛の名は中国の人々の間では、知らぬ人がないほどよく名前の知られた民族英雄である。

時は宋の時代。北方遊牧民族の女真族が建てた「金」が勢力を拡大し、宋の領域に迫りつつあった。この時、対「金」戦に活躍して頭角を現したのが岳飛である。

宋の皇帝徽《き》宗は、子の欽《きん》宗に位を譲って南に逃れようとしたが、靖康二年（一一二七）徽宗と欽宗はともに「金」に捕らえられた。そして捕らえられた臣下のなかに科挙の試験に合格し官人としてスタートしたばかりの秦檜《しんかい》もいた。

宋は欽宗の弟の高宗を立てるとともに、都を開封から臨安（杭州）へ遷したことで、宋はかろうじて南半分を維持できることになった。これが南宋である。

「金」軍に連れ去られた秦檜は、「金」の有力者のダランに預けられているうちに「金」の実力があなどり難いことを知った。初め「金」に対する抗戦派だった秦檜だが、これを機に和平派に転じたのだった。「金」のダランの方も南宋との和平論が起こるなかで、秦檜を和平工作のために活用することを考えた。秦檜はあたかも「金」から脱出したように装いながら、建炎四年（一一三〇）南宋に帰還した。

高宗は秦檜の和平論を容れ、その翌年には宰相に抜擢した。だが、徹底抗戦すべきだという岳飛らの主張は依然として強く、宰相は一年で辞めざるを得なかった。しかし、紹興五年（一一三五）「金」の内部では和平派のダランが実権を握ったことが南宋に伝えられ、同時に「金」に捕らえられていた徽宗が逝去したことが知らされた。高宗は徽宗の棺を引き取るために、「金」との間の和平を望み、再び秦檜を宰相に任命した。こうして秦檜とダランとの和平交渉が進められ、この年の暮れに和議が成立した。これは南宋にとっては非常に有利なもので、秦檜の評判は大いにあがった。

だがそれもつかの間、「金」の内部では主戦派がダランを殺害して再び主導権を握り、「金」は和議を破棄して南宋に侵入した。南下する「金」軍を押しとどめて勇敢に戦ったのは岳飛らの軍であった。

あくまでも和平をめざす秦檜にとっては、岳飛らの抗戦派は政府の存在を脅かすものとして放置してはおけなかった。秦檜は岳飛を呼びつけ、徹底抗戦を強硬に主張する岳飛を謀反の罪で投獄、挙げ句の果てに殺害してしまった。時に岳飛は四十歳であった。

こうして秦檜は再び和平交渉を始めた。「金」の内部でも容易に南宋を征服出来ないとする主張が高まったため、和議に応じ、紹興十一年（一一四一）十一月、第二次の和議が成立した。南宋としては、前回よりも大幅に譲歩した形の屈辱的な和議であったが、これを機に「金」との南北境界線が確定した。翌年徽宗の遺骨は送還されてきたが、欽宗は帰って来なかった。高宗がその立場上兄である欽宗の返還を強く要求しなかったからである。

秦檜は高宗の篤い信頼のもと、六十六歳で亡くな

岳飛像

るまで以後二十五年間宰相の地位にあって権力を維持した。秦檜は、政治的な目的の実現のためには手段を選ばない、極めて冷酷な一面をもった人物であった。しかし、遊牧民族「金」の実力を知り尽くしていた秦檜にとっては、和平しか南宋を救う道はないと考えての行動であったことも間違いない。

殺害された岳飛は、農民の出身ながら若くして武勇に優れ、厳正な軍紀と卓越した統率力のもとに戦うと必ず勝つという歴戦の武将で、高宗から「精忠岳飛」と書いた軍旗を贈られるほどだった。彼は武だけではなく学問があり文才も豊かだったようで、『岳飛武王文集』の著作もある。後に名誉が回復されて「忠臣岳飛」と讃えられ、岳飛信仰と神格化がすすむなかで民族英雄として今日も中国の人々の間で尊敬され続けている。

秦檜夫婦像

岳飛の評価が高まるに従って秦檜は逆に「売国奴」と罵られている。

杭州の西湖のほとりに「岳王廟」があり、大勢の参拝客や観光客が訪れて賑わっているが、岳飛の墓の前には縛られてうずくまる「秦檜」夫婦の鉄像が置かれていて歴史の事実とは逆の光景が見られる。中国の人々は、鉄の囲いのなかの秦檜像にたいして、鞭で打ったり唾をはき掛けたりする風習があった。新中国になってこの風習を止めるよう指導しているが、まだそんな行為に及ぶ姿が見られる。それにしても歴史上の人物評価も時代によって大きく変わっていくものだと痛感した次第である。

六　陸游

南宋の時代を駆け抜けた剛直な抗戦派の詩人として陸游がある。

陸游は淮河《わいが》地方の役人であった父の陸宰が、宋朝の命令によって北宋の首都の開封に向かう旅の途中、一一二五年の嵐の日に淮河を渡る船内で生まれた。

二歳の時、都の開封が北国の「金」軍によって陥され、三歳の時、故郷の紹興に帰った。北宋はいったん滅び、高宗が臨安（杭州）に都を遷し南宋として再興された。そして陸游の生まれた淮河が国境と定められた。

陸游は神童のほまれ高く、岳飛が「金」軍と懸命に戦っていた頃は、科挙の進士をめざして受験準備に励んでいた。成人すると官職に就き、「金」に対する剛直な抗戦派として知られるようになった。しかし秦檜が政権を握り、岳飛らの抗戦派が粛清されると、四十二歳の陸游はこれまで九年間も務めていた官を免職になってしまった。故郷の紹興に帰った陸游は、しばしの安らぎを覚える。

莫笑農家臘酒渾
豊年留客足鶏豚
山重水複疑無路
柳暗花明又一村
簫鼓追随春社近
衣冠簡朴古風存
従今若許閑乗月
拄杖無時夜叩門

笑う莫かれ　農家の臘酒　渾《にご》れるを
豊年　客を留めて鶏豚《けいとん》足る
山重《かさ》なり水複《かさ》なりて路無きかと疑い
柳暗く花明らかに又た一村
簫鼓《しょうこ》追随して春社《しゅんしゃ》近く
衣冠簡朴にして古風存す
今より若し　閑に月に乗ずることを許さば
杖を拄《つ》き時と無く　夜　門を叩かん

隠棲中のある日、村人から招待され、心のこもったもてなしを受けた喜びをこの詩は歌っている。

秦檜の死後、陸游は四十六歳でようやく四川省の州の通判（副知事）となり、さらに陝西省の興元で「金」軍と対峙する宣撫使の王炎の幕僚となった。

陸游は生涯で二万首の詩をつくったといわれているが、現存するのは約一万首。愛国詩人、情熱詩人であるだけではなく、田園詩人としての一面をもった南宋時代最大の詩人であった。八十五歳の高齢で亡くなったが、辞世の詩「児に示す」は後世に愛唱されて有名だ。

死去元知萬事空　死に去れば元《も》と知る万事空しと
但悲不見九州同　但だ悲しむ九州同じきを見ざるを
王師北定中原日　王師北のかた中原を定むるの日
家祭無忘告乃翁　家祭忘るる無かれ乃翁に告ぐるを

生きているうちに国土回復の日を見ることができなかったが、もしその念願がかなった時には、必ず家の祭祀をして乃翁（私）に報告しておくれ、と歌うのである。

七　文天祥・張世傑・陸秀夫

南宋時代末期の宰相として活躍し、命運尽きた南宋と運命を共にした悲劇の英雄が文天祥・張世傑・陸秀夫である。なかでも文天祥は日本でも「正気の歌」の作者として知られる。

宋の時代、北方では、遊牧民族の女真族が「金」を建国して宋の領域に深く侵入してくることになった。「金」は都を燕京（北京）に定め、さらに靖康元年（一一二六）宋の都の開封を陥落させた。このため宋の徽宗や欽宗が「金」に連れ去られるという事態になった。北宋の滅亡であった。

宋は高宗を立てやむを得ず都を開封から臨安（杭州）に遷した。これが南宋である。南宋は前章でも述べたように「金」との講和によってともかくも一時の平和を維持することができた。長江下流域の沃野が開発され、農業技術も進歩して「江蘇熟すれば天下足る」の諺が生まれた。米や茶などの生産が増え、景徳鎮などの窯業、絹織物、製紙業、印刷業などが各地に起こり、泉州・寧波・杭州などでの対外貿易も盛んになった。とくに杭州は大いに繁栄し「天に天堂あり、地に蘇杭あり」と称えられるほどだった。

しかし、北方には、強力なモンゴル族が興り、対外的な積極政策を進めて「金」を滅ぼし、南宋への侵入を開始した。南宋は再び対外危機に見舞われた。モンゴル族のクビライ汗が立つとその圧力はさらに強まった。南宋は一二七三年最大の拠点の湖北省襄陽の攻防戦に敗れ、大勢が決した。この国難に対処しようとする者は誰もいなかった。ここで抜擢されて政治の担い手となったのが若き知識人の文天祥・張世傑・陸秀夫の三人だった。

文天祥は、一二三六年江西省の吉水に生まれ、二十歳の時に科挙の試験に首席で合格した状元の進士であった。初め各地の知事を歴任したが、モンゴル軍が大挙して襲来し南宋が危急存亡の危機を迎えると、私財をなげうって兵を募り、張世傑・陸秀夫とともに抗戦の構えを見せた。しかし、和平派に抑えられて抗戦の実をあげることが出来なかった。

南宋が和平か抗戦かによって揺れ動いている時、モンゴル軍は南宋の首都である浙江省の臨安（杭州）を包囲、臨安は陥落寸前であった。この時に文天祥が抜擢されて右丞相に任ぜられ、モンゴル軍司令官の伯顔と和平交渉をするための使者に任命された。

敵陣に乗り込んだ文天祥は、講和の必要性を整然と説き、伯顔と激論となったが、講和などまったく考えていないモンゴル軍によって、文天祥はそのまま抑留され燕京（北京）に護送されようとした。しかし、その途中の江蘇省の鎮江で、文天祥はスキを見て首尾良く脱走することに成功した。

こんな状況の時、モンゴル軍は朝鮮半島の高麗《こま》の兵士を動員して一二七四年と一二八一年の二回にわたって日本の対馬・壱岐・博多湾に来襲した。折からの暴風雨のためモンゴル軍は撤退したが、鎌倉幕府の北条時宗は、執権としてこの未曾有の国難に対処した。歴史上有名な「文永・弘安の元寇」である。

モンゴル軍はこうして日本への侵攻を企てるとともに、南宋の首都の臨安（杭州）を攻略、臨安は一二七八年遂にモンゴル軍の攻撃によって陥落した。

脱走した文天祥は、通州から海へ出て浙江省の温州に至り、そこを拠点とした。さらに江西省と福建省でも義勇軍を組織し、以後二年近くにわたってゲリラ戦を戦い続けるのだった。

范陽（河北省）出身で首都臨安の防衛に努めていた張世傑は、若き官人の陸秀夫らとともに、一二七八年温州で南宋の少年皇帝の端宗を擁立した。そして二人は、一千隻余の船団を組んで福建省の泉州から広東省の海に出て無人島へ到着した。そのとき端宗が病死した。そこでその弟でまだ八歳の衛王を皇帝につけるとともに、根拠地の移動を行い広東省新会の厓《かい》山《ざん》島に遷った。南宋の亡命政権は広東省沖の孤島にあった。それでもなお厓山島には十数万の兵がいたのだ。

文天祥のゲリラ戦はなおも続いていたが、ゲリラ軍のなかには病死する者や逃亡する者が相次ぎ、遂に文天祥は広東省海豊の北にある五波嶺でモンゴル軍に捕らえられてしまった。

文天祥を逮捕したモンゴル軍は、厓山島にいる幼帝の投降を望み、文天祥に降伏勧告文を書くように迫った。これに対して文天祥は書くことを厳しく拒否した。

だが文天祥は筆を執った。それは降伏勧告文ではなく、死の決意を述べた次のような詩であった。

人生　個り誰か死無からん
丹心を留め得て汗青を照らさん

文天祥は捕虜としてモンゴル帝国「元」の首都燕京（北京）に送還された。

この間、厓山島に立て籠もっていた張世傑は、陸秀夫とともにモンゴル艦隊の総攻撃を受けた。張世傑と陸秀夫は約千隻の船を連結して死守したが、戦いに敗れ、多くの兵士が討ち死にした。

張世傑に後事を託されて最後まで島に残ったのは陸秀夫だった。陸秀夫は楚州塩城の出身で科挙の試験に合格した進士で、南宋最後の右丞相でもあった。厓山島の幼帝を擁して最後まで戦ったが、「もはやこれまで」とすべてを悟り、九歳の幼帝を背負って海に飛び込んだ。

一二七九年、南宋が名実ともに滅亡した一瞬であった——。

「後宮、諸臣、従死する者、甚だ衆し。七日を越えて、屍の海上に浮かぶ者、十余万人。因って帝の屍及び詔書の宝を得たり」

史書はこのように記録している。

張世傑は、厓山島の最後の決戦のさい、モンゴル軍艦隊の包囲のなか、果敢な脱出を試み、かろうじて脱出に成功した。南宋の生き残りを集めて何とか南宋を再興しようとしたのだが、その張世傑も乗っていた船が大波をかぶって沈没し、船もろともに死亡してしまった。

史書は「船、遂に覆る。世傑溺る。宋滅ぶ」と簡潔に述べている。

北京に抑留されていた文天祥は、度重なる「元」からの服従勧告にも応じないまま獄に繫がれること三年近くに及んだが、一二八二年遂に処刑された。四十六歳であった。文天祥がきっぱりと大義を守って死んだ時、「元」の世祖クビライ汗は「敵ながらまことの男子よ」と讃えたという。

文天祥が最後まで抵抗の拠点にした浙江省の温州に「文天祥祠」が建てられている。明の時代に温州の人々によって建てられたものである。

文天祥といえば「正気の歌」が知られている。文天祥がモンゴル族の「元」の国に連行された後、北京の獄中で書いた長編詩である。

天地に正気あり
雑然として流るる形を賦す
下は即ち河岳と為り
上は即ち日星と為る

このような冒頭の句から始まる六十行の詩は、後世の人々に愛唱された。日本でも幕末の志士の藤田東湖、吉田松陰、広瀬武夫たちが、文天祥のこの詩を手本に、それぞれの「正気の歌」をつくった。中国では諸葛孔明の「出師《すいし》の表」と並んで、最も感動的な文章とされている。

それにしても、南宋が滅びる時、文天祥・張世傑・陸秀夫のような「士」が、どうしてこのように最後まで南宋のために力を尽くしたのか、国に殉ずる人がどうしてこのように多かったのか――。

宋の時代から中国の歴史は近世に入った。貨幣経済が発達するとともに、これまでの貴族門閥に代わって庶民が台頭し、科挙の試験に合格した進士の知識人が政治の担い手として活躍した。そしてこれらの知識人政治家により「私」に代わって「国」の大義に生きる「士風」が確立された。

その先がけをなしたのが、宋の端拱二年（九八九）江蘇省蘇州生まれで科挙に合格した進士の范仲淹《はんちゅうえん》であった。范仲淹は宋の参知政事に就任した仁宗の慶暦三年（一〇四三）に十項目の政治改革の建議書を提出し、欧陽修らとともに改革に乗り出した。これはこれまでの様々な矛盾を克服し解決しようとする画期的な構想をもつものであったが、一部の保守派の反対にあい、この新政は一年足らずで挫折してしまった。しかし、この改革は後世「慶暦の新政」として讃えられた。

范仲淹は、詩文に巧みで、その文章は謹厳で簡潔といわれ、名著『岳陽楼記』のなかの「先憂後楽」（民に先んじて憂い、民に後れて楽しむ）の言葉は、名言として後世「士風」の鏡とされた。そして後の詩人で新法派の王安石・『資治通鑑《しじつがん》』の著者で旧法派の司馬光・詩人で文章家の蘇軾《そしょく》・「朱子学」を大成した朱喜《しゅき》（朱子）らに大きな影響を与えた。

范仲淹は宋代の「士風」をつくりあげた名臣と仰がれ、宋学の先駆者の一人といわれている。日本でも范仲淹はよく知られ、岡山の「後楽園」の名が「先憂後楽」に由来することは周知のことである。

このように宋代に科挙の試験に合格した進士の知識人が政治に参画し、大いに「士風」を盛り上げたことにより「大義名分論」が世の風潮となった結果、主君に忠誠を尽くす人々が多く登場したと考えられる。

范仲淹・文天祥らの「士風」と朱熹によって大成された朱子学は日本にも伝えられ、江戸時代の「武士」の精神的な支柱となったのである。

八　呉昌碩

杭州の旅のなかで「西冷印社」を訪ねた。西湖の遊覧のさいにも遠望することが出来たが、「西冷印社」の中に入った時は薄暗く、建物の様子はよくわからなかった。この「西冷印社」は篆刻《てんこく》研究の学術団体で、その初代社長を務めたのが篆刻で有名な呉昌碩《ごしょうせき》である。

西冷印社の展示即売所

呉昌碩は、清朝時代の道光二十四年（一八四四）浙江省安吉県に生まれ、上海に住んでいた頃父の辛甲から篆刻と書法を学んだ。二十二歳で科挙の試験に合格したが、官人には就かず、書画と印を売りながら生計を立て、引き続き篆刻の研究と制作に没頭した。篆刻の字体は浙江省や安徽省の諸家から学び、秦・漢時代からの石鼓・封泥・磚瓦の文字を写し取って研究した。鈍刀を活用しながら「突く」と「切る」を併用し、雄渾な刻法で一家を成した。光緒二十二年（一八九六）江蘇省安東県の知事を一か月務めたほかは官に就くことはなかった。光緒三十年（一九〇四）杭州に「西冷印社」という篆刻の研究をする学術団体が設立されると、呉昌碩は推されて初代社長になった。晩年は上海に定住し、詩・書・画・篆刻の創作活動に励み、一九二九年に死ぬまで創作意欲に衰えを見せなかった。

呉昌碩の功績は詩・書・画・印を能くする「四絶の芸術」としてその芸術性を高めたことである。とくに篆刻を優れた芸術の域に高めた点で後世にその名が知られるようになった。彼自身自己の芸術について「人は私が画を能くするというが、その実、私の書は画よりも良い。人は私が書を得意とするというが、その実、私の篆刻は書よりも勝っているのだ」と述べている。

呉昌碩の書法は、石鼓文を得意とし旧来の書法にとらわれない雄渾な筆致であった。絵画は五十歳を過ぎてから学び始めたのだが、その絵画は徐渭・八大山人・石濤の画風をくみ、後に趙之謙・任伯年の法をまじえ、独自の境地をひらいた。その絵画はまたなかなか優れ、花弁や蔬果の画を能くした。絵画のなかに石鼓文の書法を採り入れて気迫広大な画風をつくりあげた。呉昌碩は、趙之謙・斉白石とともに、近代花弁図の系譜を確立した中心的な画家として後世に大きな影響を与えた。京都女子大学教授の大野修作氏は「あえて三人の特徴をあげれば、個人としての画家の資質の高さから見ると趙之謙、主題の多様性と大衆性としては斉白石、総合力で軍配をあげるとしたら呉昌碩」と述べている。

詩作においても彼はなかなかの素養があり、詩集『缶廬詩存』がある。

呉昌碩の様々な作品は、杭州にある「浙江省博物館」に展示されていて観覧することが出来る。

呉昌碩が社長を務めた「西冷印社」は、日本にも大きな影響を与え、河井仙郎・長尾甲が社友として参加していた。その後「西冷印社」は清明節と重陽節に会を開き、さらに十年を一巡として展覧会などを開催してきた。一九六三年十月二十五日には、建社五十周年を祝い、董必武・郭沫若・陳叔通らが集まって大会を開いた。「西冷印社」の園内には斜面の地形を利用して柏堂・竹閣・仰賢亭・四照閣などがあり、歴代の碑刻を集めた「三老石室」がある。

九　蔡元培と章炳麟

時は清朝末期、時代は大きく変わろうとしていた。日本は明治維新の変革を経て一八九五年、日清戦争に勝利した。中国にとっては中日甲午戦争は敗北の戦であり、その屈辱のなかから日本の明治維新に倣えと様々な改革運動が起こった。康有為・梁啓超らによる改革派、孫文らを中心とした革命派がそれぞれ運動を盛り上げていた。

こうしたなかで一八六八年に浙江省紹興に生まれた蔡元培は、科挙の進士に合格し、翰林院の編修に任じられたが、一時ドイツに留学、ライプチッヒ大学で学んだ。日清戦争の敗北と康有為らの変法運動の失敗に刺激されて教育を興すことを決意した。そして官を捨てて故郷の紹興に帰り、学校を設立した。同じ浙江省の余杭出身で一年後輩の章炳麟とともに、一九〇二年には上海で中国教育会を組織し、愛国学社と愛国女学社を創立した。

章炳麟は、子どもの頃から反清思想をもち、一八九五年には康有為の「強学会」に入って変法運動に賛同した。しかしその後、康有為らの変法運動は改良主義で、清朝を倒し中国の変革を成し遂げることは出来ないと、満州族の風習である弁髪を切って蘇州の東呉大学で教鞭をとり、次いで蔡元培とともに愛国学社を創設、そこでも教鞭をとって反清排満の民族革命を鼓舞した。

清朝政府の弾圧に身の危険を感じた章炳麟は、意を決して日本の東京に逃れ、一九〇二年「支那亡国二百四十二年紀年会」を開こうとしたが、日本政府の圧力で中止されてしまった。この会には多くの中国人留学生が集まり、結果として反清排満の気運を大いに盛り上げることになった。帰国して再び上海で蔡元培の愛国学社に参加したが、『蘇報』に「反駁康有為論革命」を書いたため、租界当局に逮捕され、獄に繋がれた。

章炳麟は、獄中でも蔡元培と連絡を取りながら「光復会」を成立させ、一九〇六年刑期満了とともに日本の東京に渡った。そこで孫文の「中国同盟会」に加入、辛亥革命の思想的な支柱となった。

当時、留学生として日本に来ていた魯迅・周作人・銭玄同らは章炳麟に師事して国学を学び、次第に革命思想に傾斜していく。

蔡元培はその後一九一二年、南京に中華民国政府が成立すると、その教育総長に就任した。そして学制を改革し、儒教の教典を読ませることを廃止するとともに、小学校の男女共学を実施した。さらに蔡元培は、一九一七年北京大学の学長に就任すると、「思想の自由」の方針を打ち出し、陳独秀・李大釗・魯迅らを招いて講師に任命した。第一次世界大戦後中国に対して露骨な侵略意図を示す日本の帝国主義に反対して「五・四運動」の火が燃えさかるなかで、蔡元培は逮捕された学生たちの釈放に尽力した。

これに対して章炳麟は、反清排満の激しい国粋主義的な革命を主張したが、孫文のような民権思想はなく、孫文とは異なった路線を歩み始めた。そして辛亥革命の後、孫文に代わって政権を握った袁世凱をいったん擁護した。だが、袁世凱が帝政を復活した時、袁世凱からの買収を拒否、総統府の前で袁世凱が奸心を隠していると罵倒して北京で逮捕され、袁世凱の死後ようやく自由を得た。

章炳麟は「五・四運動」以後、政治的には次第に保守的となり、新文化運動に反対したうえ、孫文の三大政策にも反対した。晩年は伝統的な「国学」の研究と講学に専念したが、抗日救亡運動には支援の意志を表明した。六十七歳で蘇州で没したが、その墓は友人や教え子たちによって、その後杭州西湖南側の南屏山の麓に移された。近くには章太炎（章炳麟）紀念館がある。

蔡元培は一九二七年の蒋介石の反共クーデター以後、国民党政府の中央研究院院長に就任、満州事変後、抗日民族運動を唱導した。そして宋慶齢・魯迅らとともに中国民権保障同盟を組織し、八方手を尽くして国民党に逮捕された愛国者たちを救済した。彼が一九四〇年七十二歳で香港で病没したとき、中国共産党は弔電のなかで、「先生、革命のために奮闘すること四十年、中国の教育文化事業発展のための勲労卓著（越）、無数の青年を培植（養成）し、国共合作を促成す」と述べた。著書として『蔡元培選集』がある。

二人は、清朝政府の弾圧政策とその清朝を倒す革命運動のなかを、模索しながら生きた知識人であった。晩年の生き方には確かに相違も見られたが、それでも近代中国の夜明けのなかで次世代の青年たちに与えた影響は大きかった。後に起こる大きな共産革命の思想的な地均しをした人ともいえる。

十　秋瑾と徐錫麟

中国のなかでも江南地方は、革新的な人物を多く輩出した特異な地域で、性格的にも気性の激しい人が多い。浙江省紹興出身で革命に殉じた女性革命家の秋瑾《しゅうきん》もそのような典型的な人物である。

時代は清朝時代末期。秋瑾は一八七七年に生まれている。原籍は紹興だが、実際には福建省で生まれた。秋瑾は幼い頃から女性の足を縛って細くする「纏足《てんそく》」を施され、歩くことが不自由だったが、早くから詩や詞（文章）をつくることを得意とし、早熟の文学少女といわれていた。足が不自由だったからこそ、彼女は乗馬や撃剣（剣道）に挑み、男勝りの豪放な性格で何ごとも他に抜きんでていた。官吏の父の転勤で湖南省に転居後、十八歳で父母の命令によって湖南省湘潭の資産家王廷鈞と結婚した。

一九〇〇年夫王廷鈞の仕官に従って北京に移ってから、義和団事件などの影響によって次第に反清革命の志をもつようになった。夫とは性格的にも思想的にも合わなかったようだ。そして一九〇四年夫と別れ、幼い男の子と女の子の二人を置いて、その年に初めて日本に留学した。

明治維新の変革を成し遂げて近代国家を形成した日本に、中国も学び近代化を達成しなければならないと考えたのだ。とくに秋瑾の場合、女性に「纏足」を施して家に拘束するような封建的な家族制度を打ち破って、女性の地位の向上と男女の平等を実現するために、日本から多くを学ぼうとしたのである。

日本では下田歌子と范源濂の経営する東京の実践女学校附属清国女子師範で学ぶとともに、中国人留学生の仲間に入り清朝打倒の革命運動に参加した。

一九〇五年には、民族主義・民権主義・民生主義の「三民主義」を革命理念として掲げていた孫文が、日本における革命組織の大同団結を図るため「中国同盟会」を結成した。この「中国同盟会」は蔡元培・章炳麟ら浙江派の「光復会」、黄興・宋教仁ら湖南派の「華興会」、それに孫文を中心とした広東派の「興中会」の革命三派を統合したものだ。秋瑾はこの結成大会に参加し「金甌（領土や国の安全）すでに欠く、総べて補うべし、国の犠牲になるに敢えて身を惜しまんや」と詩句に記してその「志」を明らかにした。

一九〇五年十一月、日本政府が留学生の取締規則を公布したことに抗議して、みんなで帰国しようという総帰国運動を主張する声があがった。その急先鋒であった秋瑾は、浙江同郷会の席上、いきなり短刀をとりだして、演壇のテーブルに突き立て、

「もし祖国に帰って満虜に投降し、友を売って栄達を求めようとする者があれば、私のこの一刀をくらわしてくれますぞ！」

と叫んだ。

短刀をもった秋瑾

紹興の秋瑾故居

これは秋瑾の激しい性格を物語るエピソードとしてよく知られた事件である。

秋瑾は二年間の留学を終えてやがて一九〇六年帰国、上海で「中国女報」を発刊し、婦人の権利の確立を提唱した。この時代において婦人解放と社会革命を結合し、統一的に運動を進めていくべきだと主張したことは秋瑾ならではの考えで、まことに注目すべきことである。

彼女は一七〇七年故郷の紹興に帰って革命運動を進めるとともに、同郷の徐錫麟《じょしゃくりん》が創設した大通師範学堂で教鞭をとりながら学生の軍事訓練を指揮した。大通師範学堂は、かつて明時代の科挙の試験場であったが、清《しん》時代には役所の倉庫になっていた。これを改造して体育系の師範学校にしたものであるが、徐錫麟としては学生に革命思想を教育し、革命の拠点にしようとしていた。秋瑾は身を男装に変えながら各地の革命的な会党とつながりをつけて「光復軍」を組織した。

徐錫麟は、一八七三年紹興の生まれで、秋瑾とは四歳年長だった。一九〇三年日本に留学、在日中国人留学生の革命運動に加わった。そして反清革命の思想に目覚め、翌年帰国して上海で「光復会」に入った。孫文とは一線を画すなかで、一九〇五年紹興に帰って大通師範学堂を創設、秋瑾とも協力して革命勢力を蓄積した。徐は清朝政府の内部に入り込んで活動することが必要と考え、一九〇六年政府側に金銭を寄付して役人になり、安徽省の省都安慶へ行って巡警処会弁兼巡警学堂監督（警察学校長）となった。一九〇七年、浙江省の革命拠点である大通師範学堂はすべて秋瑾に任せた。そして浙江省の紹興で七月六日、安徽省の安慶で七月八日それぞれ武装蜂起を決行することを決定した。

その後、秋瑾は、秘かに湖南省湘潭を訪れ、十一歳の息子元徳と七歳の娘仙芝に逢って来た。秋瑾とて人の子、死を前にわが子に一目逢いたかったのだろう。

決起の日が決まったものの、徐錫麟にとってはどうしても都合が悪くなった。安徽省安慶の決行日の七月八日には、殺害目標の巡撫の恩銘が安徽省の安慶に居ないことがわかったからだ。そこで徐錫麟はやむ得ず武装蜂起の決行日を七月六日に繰り上げることを決めた。その日は安徽省の巡警学堂の卒業式の日で、満州族の高官で省長でもある巡撫の恩銘が出席することになっていた。

六日その卒業式が始まると、徐錫麟は恩銘の前に進み出て叫んだ。

「本日、革命党が事を起こします」

これはクーデターの宣言だった。徐錫麟は直ちに巡撫の恩銘に向かってピストルを乱射し恩銘を射殺した。そして二百人の卒業生を引き連れて巡撫の役所に向かうよう号令をかけたが、そこは清朝軍によってすでに固められていることがわかり、急遽予定を変更して省の軍機局を占拠した。その間に、二百人の卒業生のうち大部分が脱走し、残る三十人余の学生で革命軍を編成した。しかし軍機局には鍵がかかっていて兵器は使えなかった。それでも徐錫麟は、清朝政府軍と約四時間にわたって銃撃戦を続けたが、結局、徐錫麟は戦いに敗れて捕らえられ、刑死した。三十五歳であった。

蔡元培は「徐は図るところ未だ遂げずといえども、辛亥の役に影響するや甚大なり」と指摘している。

秋瑾の方も革命陣営のなかにスパイが紛れ込んでいたことがわかったうえ、会党の同志の不注意によるトラブルが相次いだことなどから、決行日が延び延びになっていた。そこへ徐錫麟の蜂起が失敗したことが伝えられた。その時、秋瑾は「死するといえども、なお生くるが如し、犠牲となりてわが責任を尽くさん」と改めて決意を表明した。

秋瑾が拠点にしていた大通師範学堂は、七月十三日、清朝の政府軍によって包囲されてしまった。秋瑾は絶望的な状況のなかで死を覚悟した。彼女は一部の学生を率いて最後の抵抗を試みようとしたが、十四日の午後、圧倒的に兵力の勝る清朝軍のために捕らえられてしまった。革命の機密については「堅く吐供せず」と黙秘を続けたといわれている。そしてその翌十五日早朝、彼女はふるさと紹興の軒亭口で斬刑に処せられた。三十一歳の生涯だった。

供述がまったくないのに刑を執行したのは法律違反ではないか。十四日午後逮捕、翌日の早朝刑の執行はあまりにも早すぎるのではないか。女性は絞首刑が普通なのに斬刑にしたのは何故なのか。軒亭口は強盗殺人などの処刑地であるのに人を一人も殺していない秋瑾を軒亭口で処刑したのは何故なのか。中国全土でこのような声が高まった。封建制の色濃い清朝のなかでこのような「公憤」（世論の怒り）が現れ始めていたのだ。だから刑を執行した責任者たちは、その後「公憤」に責め立てられながら転々と異動を重ね、なかには土地の住民に着任を拒否されて辞任した者もいた。ノイローゼになって自殺に追い込まれたり何者かに殺害されたりした者もあった。

「公憤」が一つの力をもち始める新しい時代が到来していた。

詩文に秀でていた秋瑾には『秋瑾集』がある。

萬里乗風去復来　　萬里風に乗り去り復た来たる
隻身東海挾春雷　　隻身東海に春雷を挾《たずさ》う
忍看図画移顔色　　図画顔色移すを看るに忍びるや
肯使江山付劫灰　　江山をして劫灰《きょかい》に付すを肯《がえ》んず
濁酒不銷憂国涙　　濁酒もても銷《き》えず憂国の涙

救時応仗出群才
拚将十萬頭顱血
須把乾坤力挽回

時を救うは応《まさ》に出群の才に仗《たよ》る
拚《はら》うに十萬頭顱《とろ》の血を将《も》ってし
須らく乾坤《けんこん》を把《と》って挽回に力《つと》めよ

地図を見ると日露が戦っているのは、まぎれもなくわが中国の領土だ。自分たちの山河が兵火に焼かれるのをじっと我慢していてよいのか。あふれ出る涙はいくら酒を飲んでも消えることはない。この非常時を救うにはどうしても抜群の才能が必要だ。いざ十万の髑髏を切り取り、天と地をひっつかみ、挽回に努めようではないか――。

このような意味の秋瑾の詩は、激情がほとばしり出たものだ。

秋瑾と徐錫麟は革命半ばで死んだ。しかしその死は無駄ではなかった。この二人の死を乗り越えて、中国では間もなく辛亥革命が起こり、さらに共産主義革命が燃え上がって新中国が誕生した。二人は一足早く時代を駆け抜けて短く鮮烈な生涯を燃焼させたのである。

浙江省の紹興市には「秋瑾故居」が保存されており、秋瑾の遺品や写真パネルなどが展示公開されていた。今日の新中国の建設に至る過程には、秋瑾や徐錫麟のような革命家たちの鮮血が如何に多く流されたことか。そんなことを考えながら身の引き締まるような厳粛な気持ちにさせられたものである。

その紹興の軒亭口には辛亥革命の後に「秋瑾烈士紀念碑」が建てられた。

杭州市の西湖西冷橋の南側には、秋瑾の墓がある。遺体はいったん紹興に埋葬されたが、秋瑾がかつて二人の女性と遊んだ杭州西湖畔の「西冷に骨を埋める」ことを希望したため、その友人の二人の女性によって西冷橋の北側に改装された。しかし、清朝政府は秋瑾が人々に追慕されるのを恐れて墓地の移転を命じ、秋瑾の遺児と前夫の実家のある湖南省湘潭へ改葬した。辛亥革命後、棺は浙江省政府によって西冷橋の北側に戻された。一九六四年、遺骨は近くの鶏籠山に移され、一九八一年に現在の場所に埋葬された。墓座は高さ一・七五メートルの花崗岩に覆われており、その上に高さ二・七メートルの漢白玉石の秋瑾像が立っている。

十一　魯迅と周作人

ここでとりあげる魯迅と周作人も浙江省紹興の生まれである。生年は魯迅が一八八一年、周作人が一八八五年。四歳違いの兄弟である。魯迅の本名は周樹人、魯迅はペンネームである。

魯迅

魯迅が九歳の時、清朝の官僚だった祖父が投獄され、父がそれから間もなく病死するという不幸に見舞われた。世間の人々は急に冷たくなった。幼い魯迅は、この時、人の心には表裏があることを初めて骨身にしみて悟った。

一八九八年、十八歳で南京の江南水師学堂に入るが、翌年新設の鉱務鉄路学堂に転校、四年間の学生生活のなかで、魯迅は変法派の雑誌「時務報」や厳復が訳した「天演論」などを読み、進化論をはじめ新しい思想を知ることになった。一九〇二年鉱務鉄路学堂を卒業後、近代化を成し遂げた日本に学びたいとして東京に留学した。そして弘文学院で日本語を学び、一九〇四年、仙台の医学専門学校へ入学した。魯迅はそこで見た幻灯写真のなかに、同胞の中国人が処刑される場面が映し出されていて、民族としての深い屈辱感を味わった。これを機会に魯迅は、個々の病気を治すよりも祖国中国の独立への自覚を促すことが急務とさとり、医学から文学へと大きく志を変えることになった。一九〇六年仙台医学専門学校を退学し、一時帰国後、弟の周作人とともに再び東京にもどり、二人でロシアや東ヨーロッパの小説を翻訳した。この頃東京にいた章炳麟から教えを受けて反清革命思想の洗礼を受けた。

一九〇九年日本の留学を切り上げて中国へ帰国、杭州や紹興で教師生活を送っていた。一九一一年に辛亥革命が起こり、その翌年に中華民国が誕生すると、魯迅は新政府の教育部のスタッフとして招かれ、南京から北京へと移った。北京では陳独秀主宰の雑誌『新青年』に白話（口語）の小説『狂人日記』を発表、以後一九二一年までに『孔乙己《コンイーチー》』『薬』『故郷』『阿Q正伝』などの作品を次々に発表した。伝統中国の社会や道徳の欺瞞の体系を鋭くえぐったこれらの作品は、一九一九年に起こった「五・四運動」と連動して、人々に深く大きな影響を与えた。

一九一七年、蔡元培が北京大学の学長に就任し、学制改革を積極的に進めるなかで、魯迅は一九二〇年北京大学の講師として招かれ、中国小説史を講じた。これをもとにして著した『中国小説史略』は不朽の名作といわれている。

この時期の魯迅は、『祝福』『傷逝』など十一篇の短編小説を発表、また『野草』に収められている散文詩を書き続けた。

一九二五年、勤め先の北京女子師範大学で、校長排斥の学園紛争が起こり、学生の処分反対の立場に立つ魯迅は、処分派の論客と激しい論争を展開した。これを機に魯迅は雑文すなわち論争文に主力を傾けるようになった。この学園紛争の後、魯迅に大きな衝撃を与えたのは、一九二六年に勃発した「三・一八事件」であった。これは北京女子師範大学の教え子の劉和珍を含む四十七人が、段祺瑞《だんきずい》政府の軍隊によって射殺されるという悲惨な事件だった。魯迅は書いた。「これは事件の結末ではない。事件の発端である。墨で書かれた虚言は断じて血で書かれた事実をおおいきれぬ。血債は必ず同じもので償還されねばならぬ。支払いが晩ければ晩いほど利息は増さねばならぬ」と。

これは魯迅の「怒りの声であり絶望の呻き声」であった。

この事件の後、魯迅は教え子の許広平とともに北京を離れた。そして厦門《アモイ》大学の教授となって中国文学史を講じ、後に『漢文学史綱要』として出版した。厦門の滞在は約半年で、やがて許広平のいる広東省に向かい、広州の中山《ちゅうざん》大学の教授となった。しかし、一九二七年四月十二日、蒋介石による反共クーデターが起こって、広東省でも反共の嵐が吹きまくった。魯迅はそのことに強く抗議して大学を退職、許広平とともに上海に移った。左翼思想家に対する弾圧は、上海でも同様だった。この時、魯迅は、上海で内山書店を開いていた岡山県芳井町（現在の井原市芳井町）出身の内山完造にかくまわれ、しばしば危難を免れることが出来た。

一九三〇年、左翼作家連盟が結成されたときは、発起人の一人になって活躍し続けた。一九三六年五十六歳で亡くなるまで終始体制派と厳しく戦いながら、時に革命派のセクト主義を切るなど縦横の論陣を張った。魯迅は中国民族の精神の荒廃を嘆いた。そして中国の人々の心に火をつけて中国民族の「魂」を呼び覚まそうとしたのである。

魯迅は幾つかの詩を残しているが、次の詩がよく知られている。

横眉冷対千夫指　眉を横たえて冷ややかに対す　千夫の指
俯首甘為孺子牛　首《こうべ》を俯《た》れて甘んじて為《な》る　孺子《じゅし》の牛

蒋介石一派からの攻撃には冷静に対処し、人民大衆にはやさしく奉仕しよう、と歌ったものである。その魯迅は、一九四九年の新中国成立後、毛沢東らによって高く評価され、上海の魯迅公園にある魯迅の墓は、毛沢東の筆で「魯迅先生之墓」と刻まれている。魯迅の作品は日本でも戦後いち早く翻訳され、出版された。日本人にとってもなじみが深く、多くの魯迅ファンが存在する。

この魯迅の弟の周作人は、一九〇一年に南京の水師学堂に入学した。一九〇六年には、日本の留学から一時帰国した魯迅に従って日本に留学した。初めは海軍の技術を学ぼうとしたが、後に古代ギリシア語を含む外国語を学び、様々な外国文学の作品を中国語に翻訳した。なかでも魯迅との共訳『域外小説集』は有名だ。

一九〇九年日本人の女性と結婚、後の魯迅との不仲の原因の一つとなった。一九一一年、帰国して高校教師をしていたが、一九一七年魯迅の紹介で北京大学文科の教授となった。一九一八年、陳独秀の『新青年』やその姉妹誌『毎週評論』に、与謝野晶子の『貞操論』などを紹介した。同時に「人間の文学」「平民文学」などの文章を発表、人道主義の文学を提唱し、文学界に大きな影響を与えた。「五・四運動」以後、武者小路実篤ら日本の白樺派の作家、フローベール、ドストエフスキー、ボードレール、ヴォルテールなど西洋の作家の作品を盛んに紹介した。

周作人は一九二四年雑誌『語絲』を創刊、多くの散文を書いたが、それは平淡と閑静を旨として新生面を開くものとして胡適から賞賛された。しかし、一九三〇年代に林語堂とともに「閑適幽黙」（かんてきユーモア）の小作品を提唱したことが、左翼作家から批判された。日本の文学についても積極的に取りあげ、滝沢馬琴などの江戸文学・永井荷風や森鷗外らの近代文学・柳田国男の民俗学などを翻訳紹介した。

一九三七年、日中戦争の幕開けとなった盧溝橋事件の後、周作人は北京に残った。そして日本の傀儡《かいらい》政権のもとで北京大学図書館長、教育総署督弁などを務めたことから、一九四五年の日本の敗戦とともに、漢奸罪で国民党政府に逮捕された。そして南京高等法院で懲役十四年の刑を科せられた。一九四九年、新中国の成立とともに釈放されたが、蟄居生活を余儀なくされ、『古事記』『枕草子』『浮世風呂』などの日本の古典文学の翻訳に努めた。一九六七年八十二歳の高齢で没した。

周作人は、日本が中国へ侵略戦争を始めたことによって、日本から学んだものが負の遺産となって後半生を漢奸というレッテルを背負って生きざるを得なかった。その点で魯迅とは対照的であったが、一面では胡適と並んで中国に「人道主義」と「個人主義」を伝えた貴重な存在であった。中国に対して日本の文学や西欧の文学を大量に移入し、中国の文学土壌を稔り豊かにしたことは、何と言っても周作人に負うところが大きかった。この点の功績を忘れることは出来ない。

紹興の魯迅紀念館

魯迅と周作人の生まれた紹興の「魯迅故居」を訪ねることが出来た。古い士大夫（清朝の官僚）の家だけに予想以上に大きな家だった。屋内には魯迅の寝室などが保存されていて興味を引いた。このなかには、ある時、遅刻して叱られた魯迅が、自らの戒めのために刻んだ「早」の字が今なお残されていた。家屋の背後には、魯迅が幼い頃に遊んだ「百草園」があり、その東側には少年時代に学んだ「三味書屋」があった。

学生時代から魯迅の作品に親しんできた私にとっては、また格別の感慨があった。有名な『故郷』のなかで描かれたような少年時代の情景が彷彿と甦って来て、ふと魯迅に再会したような懐かしさを覚えた。

「魯迅故居」の隣には「魯迅紀念館」が建てられており、なかには魯迅の様々な遺品や活動を物語る写真パネルが展示してあった。上海の「魯迅紀念館」、北京の「魯迅博物館」とともに、魯迅を研究するには必須の施設である。

十二　周恩来

周恩来は現代中国の指導者のなかで最も人気があり、二〇世紀を生きた世界の政治家としてもおそらくトップクラスにランクされる人物と言える。

周恩来は、清朝末期の光緒二十四年、西暦一八九八年に生まれた。出生地は一般に江蘇省淮安《わいあん》市といわれているが浙江省紹興市とする説もある。紹興には「周恩来故居」があるが、紹興は周家の原籍地と考えられる。もともと周家は清朝末期の士大夫（官僚）で、県知事などを務めた家柄。周恩来はその周家に生まれたが、母が早く亡くなったため、叔父の家に引き取られ、教育熱心な叔母によって育てられた。十二歳の時、伯父を頼って奉天に行き、瀋陽師範学校附属小学校に入学した。一九一三年小学校を卒業すると奉天から天津に移り、アメリカ系ミッションスクールの南開大学付属南開中学に入学した。

ロシアで社会主義革命が起こった一九一七年南開中学を卒業し、その年日本に留学した。東京神田の高等予備校などの聴講生として勉強に励んだが、翌一九一八年に日本が中国に「対華二十一カ条要求」を突きつけたのに抗議して集団帰国する留学生が増え、周恩来も日本留学に見限りをつけて帰国、南開大学に入学した。そして翌年の一九一九年「五・四運動」の嵐に身を投じ、革命思想に目覚めていく。

南開大学では学生団体の「覚悟学会」を組織し、天津の各学校の学生に呼びかけてストライキを決行するとともに、街頭運動に乗りだして祖国の危機を一般市民に訴えた。この「覚悟学会」のメンバーのひとりに後に結婚する女子学生の鄧穎超《とうえいちょう》がいた。このような学生運動に対して段祺瑞《だんきずい》政権は、弾圧政策で臨み、多数の学生や市民を逮捕した。この時、周恩来と鄧穎超も捕えられ、天津の獄に入れられたが、二人とも半年後に釈放された。

当時は、フランスに出かけて働きながら学ぶ青年が多く、周恩来も一九二〇年秋、上海から船に乗ってインド・エジプト経由でフランスのパリに渡った。貧民窟のなかの中国人街が留学生の住処で、そこには蔡和森・李立三・趙世炎・陳延年・李富春・徐特立・王若飛・李維漢らの顔ぶれがあり、少し遅れて陳毅・聶栄臻《じょうえいしん》・鄧小平が仲間に入った。後の中国共産党を背負って立つ人の若き日の姿があった。周恩来らはパリ大学に入って政治学を学び、マルクス・レーニン主義を学習するとともに、一九二一年八月「中国共産主義青年団」を組織した。そしてこの年の秋、蔡和森に宛てた毛沢東からの手紙によって「中国共産党」が李大釗・陳独秀らの呼びかけで結成され、第一回の大会が上海で毛沢東・張国燾・董必武・何叔衡らが出席して開かれたことを知ると、「中国共産党パリ支部」に改めた。

パリ駐在の中国大使館は、フランス政府とはかって学生たちを中国へ強制送還することになった。このため周恩来たちは一九二二年の春パリを去り、イギリス経由でドイツに渡った。そのドイツのベルリンで後に同志としてともに戦う朱徳と出会った。周恩来は一九二三年秋モスクワ経由で中国に帰った。

その頃の中国では、孫文らによる国民革命が中国共産党との合作によって新しい転機を迎えていた。ソビエトロシアのコミンテルンの指導により、国民党は「連ソ・容共・労農援助」の三方針を打ち出した。そして軍事指揮官を養成する「黄埔《こうほ》軍官学校」(蒋介石が校長)を設立、周恩来が政治部主任に任命された。

周恩来とともに教官として任に当たった人として、葉剣英・聶栄臻らがおり、陳毅らもその下で協力した。薫陶を受けた者のなかには徐向前・林彪《りんぴょう》・羅瑞卿《らずいけい》・鄧子恢・黄克誠など後の幹部になるそうそうたるメンバーがいた。

一九二六年三月十八日、「中山艦《ちゅうざん》事件」が起こった。国民政府最大の軍艦「中山」を無断で黄埔に回航したのは共産党員が自分を暗殺しようとしている陰謀だとして蒋介石が、周恩来らを逮捕し、共産党員五十四人を免職にした事件だ。

学生たちの間で周恩来の釈放を要求する運動が急激に高まった結果、蒋介石も周恩来を釈放せざるをえなかったが、これは蒋介石の後の「四・一二クーデター」の先がけをなす事件であったと言える。

こうしたなかで封建的な北部の軍閥政権を倒そうとする革命戦争の「北伐」が広東から開始された。これに呼応するかのように、上海では賃金の引き上げなどを要求するストライキが次々に行われた。これに対して一九二五年の五月三十日にはイギリス警官が約一万人の労働者に向かって一斉に発砲する事件が起った。死者十人、負傷者十五人、逮捕者五十三人を出した「五・三〇事件」である。

この事件をきっかけに上海の労働運動は、空前の高まりを見せた。実はその運動を指揮したのが若干二十八歳の周恩来であった。秘かに上海に潜入した周恩来は、全体で約八十万人の労働者のストライキを指導し、うち半分の四十万人を戦闘集団として組織した。

周恩来はこれと併せて五千人の「労働者糾察隊」を組織し、兵営や兵器廠それに警察署から武器を奪い取るよう指示した。この指示に従って軍隊や警察の拠点を次々に襲撃、千七百丁の小銃・四十余の機関銃・そのほか多数の弾薬などを持つに至った。上海に「臨時上海市政府」を設け、上海の市政は名実ともに周恩来の指導する共産党の支配下に入った。

こうした武装蜂起に恐れをなしたイギリスは、上海に二万五千人の軍隊を増強するとともに、国民革命軍の内部分裂を図り、蒋介石とそれを支持する浙江財閥に働きかけて資金を提供し秘かに反革命の準備にとりかかった。

これを受けて蒋介石は、一九二七年四月十二日、大軍を投入して突如「反共クーデター」を決行した。周恩来とコミンテルンは、蒋介石の動きを知ってはいたが、こんなに早くクーデターが決行されるとは予想していなかった。市内の各地で銃撃戦が繰り広げられるなかで、やがて「労働者糾察隊」の本部が襲われた。その時、周恩来は逮捕され、仮牢のなかに監禁されてしまった。このクーデターによって約五千人の労働者が殺害されたといわれている。

国共合作はここに完全に分裂した。

仮牢のなかで周恩来は死を覚悟した。

翌日の十三日夜、仮牢の堅い扉が開いて一人の若い将校が入ってきて「周先生」と呼んだ。見れば軍官学校の教え子の白修であった。周恩来はこの白修に助けられて無事に逃げ延びることが出来た。

周恩来は、その後、江西省の南昌に現れた。南昌では賀龍、葉挺、朱徳らの率いる軍隊、合計三万人が蜂起に立ち上がる準備を整えていた。朱徳の配下には林彪・劉伯承・蕭克らがいた。

南昌市内のホテルに司令部を置いて、八月一日武装蜂起を決行した。その当時「南昌暴動劇の主役は朱徳、演出兼監督は周恩来」といわれていた。南昌は容易に占領できたが、しかし国民党政府の軍隊は近代的な武器を備え、軍事力に於いて大きく勝っていた。政府軍の総攻撃の前に耐えきれなくなって蜂起軍は八月五日南昌を放棄した。ただこの南昌蜂起は失敗に終わったとはいえ中国共産党が初めて自前の軍隊、紅軍（人民解放軍）をもって戦った点で重要な意義をもつ。

南昌蜂起の司令部

南昌蜂起の後、周恩来らは次の革命蜂起を広東で企てることになり、その年の十二月十一日蜂起に踏み切った。奇襲攻撃は成功し「広東コミューン」を樹立した。しかし国民政府の軍隊はすでに反撃を加えてきた。双方で激しい戦闘のすえコミューン側は掃討されてしまった。周恩来らの三か月にわたる苦心の結実だった「広東コミューン」は、わずか三日間赤旗を翻しただけで失敗に終わったのである。

相次ぐ革命の失敗から強い責任を感じた周恩来は、コミンテルンに対してこれまでの経過を報告するためにモスクワを訪れた。

その周恩来が一九二八年十月帰国した時、中国の革命運動は、まるで火が消えたようになっていた。

この頃、毛沢東の軍は、江西省の峻険な「井岡山《せいこうざん》」に立て籠もって孤独な戦いを続けていた。そこに朱徳の軍が合流した。毛沢東はこの井岡山を拠点にして各地で土地革命を行い「敵が退けば追い、止まれば攪乱し、疲れれば討つ」という巧みな遊撃戦術で戦っていた。しかも「一般民衆からは釘一本奪ってはならない」という厳しい軍律で農民の支持を広げていた。そして江西・湖南・湖北・安徽・福建・浙江・広東の各省にわたって九つのソビエト政権を打ち立てていた。労農紅軍の数は十万人に達していたのである。

一九三一年十一月七日、毛沢東・朱徳らは、各ソビエト地区の代表を江西省の瑞金《ずいきん》に集めて「中華ソビエト第一次全国代表大会」を開いた。この大会では憲法・労働法・土地法などを採択、「中華ソビエト臨時政府」を樹立した。

この瑞金に周恩来が入ったのは一九三一年末であった。次いで妻の鄧穎超が瑞金に入ったのは一九三三年であった。周恩来はそこで厳しい「自己批判」を行った。周恩来にとって生涯の中で最も苦しい時だったのではないだろうか――。

党中央の総書記は、陳独秀の後、瞿秋白・向忠発・李立三・陳紹禹・秦邦憲・張聞天と続いたが、いずれも毛沢東・朱徳らと厳しく対立していた。

周恩来は引き続き党中央軍事部長の要職にあった。

こうしたなかで蒋介石はいよいよ共産軍に対する大がかりな第五次の「包囲殲滅作戦」に乗りだした。そして約四百台の飛行機など大量の近代兵器を動員し、約百万の兵力をもって四方から攻撃を開始した。そのうえ周囲に頑丈なトーチカを張り巡らせた。これによって共産側は最も得意とした後方攪乱などの遊撃戦で戦うことが出来なくなってしまった。中華ソビエト政府の崩壊は明らかだった。

毛沢東・朱徳らは一九三四年十月、中央ソビエト区の瑞金を放棄して「長征」の旅に出る決意をしたのだった。

そして「長征」の軍は一九三五年貴州省の遵義《じゅんぎ》を占領して重要会議を開いた。この席で毛沢東・朱徳らは、これまで党中央とコミンテルンがとってきた「労働者による都市中心」の革命運動の誤りを厳しく批判した。今後はコミンテルンの指導を離れ、中国共産党が農村の土地革命を中心に「独自の農村革命路線」を進めることを確認した。周恩来はいち早く党中央と自らの誤りを認め、毛沢東らの農村革命論を支持した。

この「遵義会議」以降党中央における毛沢東の指導権が確定した。

長征が続くなか一九三五年の八月一日党の新中央は歴史的に有名な「八・一宣言」を発表

蒋介石が宿泊した部屋

した。これは日本の侵略が華北に迫りつつある情勢のなかで「抗日救国のために全国同胞に告ぐ」というもので、一切の抗日勢力を糾合して日本の侵略を阻止することを訴えたものである。

長征はその後、長江上流の金沙江の渡河を決行し、瀘定橋を激戦のすえ奪取し、二万五千里の大長征を終えて陝西《せんせい》省の延安《えんあん》に到着、そこを新たな根拠地にすることになった。

延安に着いた中国共産党を待っていたのは、歴史的な「西安事件」であった。一九三六年五月十二日、西安郊外の華清池に泊まっていた蒋介石が、突如東北軍の張学良の軍によって逮捕監禁されたのだ。蒋介石は共産軍を何とか殲滅しようと東北軍の張学良を説得するため西安に乗り込んでいたのである。

張学良は、逮捕した蒋介石を西安の新城大楼に監禁し、抗日救国のための八項目を明らかにするとともに、中国共産党の参加を要請した。これを受けて共産党では周恩来と葉剣英それに秦邦憲の三人が五月十五日西安に乗り込んだ。

周恩来は、蒋介石に対しては内戦の即時停止と抗日統一戦線の結成を訴え、張学良に対しては蒋介石の釈放を認めるよう説得した。蒋介石の態度は少し和らいだが、張学良は「蒋介石の釈放だけは絶対に認められない」と東北軍内の意見を反映してかなり強硬だった。それから十日間、周恩来の懸命な説得が続けられた。

五月二十五日夕刻、蒋介石は遂に西安から釈放され、洛陽へと飛んだ。

周恩来は蒋介石を釈放した後、二度も南京を訪問して蒋介石と交渉した結果、ここに歴史的な第二次の国共合作、抗日民族統一戦線が成立することになった。

周恩来の優れた外交力と調整力が遺憾なく発揮されたのである。

周恩来

この年七月七日、盧溝橋畔の銃声によって日本軍はいきなり中国への全面侵略戦争に入った。やがて日本軍は首都の南京を占領、多数の軍民を虐殺した。国民政府は、南京から重慶へ首都を移し戦争指導にあたった。中国共産党は「八路軍」または「新四軍」として日本軍の後方を攪乱し、盛んなゲリラ戦を展開した。

周恩来は、重慶にいて国民政府との調整に当たった。

そして一九四五年八月十五日、日本の敗戦。

中国では再び国共間で内戦が起こる様相となった。アメリカのマーシャル特使が両者の調停に乗り出し、周恩来はその調停に応じたが、調停は結局失敗に終わり、再び内戦が始まった。共産軍が終始優勢で蒋介石は台湾に逃れ、共産軍が中国のほぼ全土を制圧した。一九四九年十月一日、毛沢東は北京の天安門で「中華人民共和国」の成立を高らかに宣言した。周恩来はこの時五十一歳であった。

新政府のもとで周恩来は国務院総理兼外交部長の要職に就いた。

それ以降の周恩来の国際舞台での活躍は、まことに目を見張るものがあった。

周恩来は、一九五四年のインドシナ休戦のジュネーブ会議、同年のインド・ネルー首相との「平和五原則」、五五年のバンドン会議での「平和十原則」などを通じ植民地主義反対と民族独立を強調した。アジア・アフリカ新興諸国のリーダーとして「周恩来の平和外交」を全世界に強くアピールした。

革命路線をめぐる中ソ対立が表面化するなかで、毛沢東主導で始めた大躍進政策が人民公社化の行き詰まりなどによって失敗したことが明らかになった。一九五九年に開かれた廬山会議では大躍進政策を批判した彭徳懐が解任された。

一九六六年からは紅衛兵を動員して実権派を打倒する文化大革命が始まった。周恩来は最初は文化大革命を発動した毛沢東を支持したが、国家主席の劉少奇が実権派として監禁され獄死したうえ、国防相として毛沢東の後継者に指名された林彪が逃亡中のモンゴルで墜落死した事件が起こってから、この大混乱を収拾する活動に乗りだした。そして「脱文革化」を推進するとともに、行政組織の確保と生産力の回復に努めたのである。

一九七一年には「米中接近」「国連加盟」を進め、七二年には日本の田中角栄首相との間で「日中共同声明」を発表、懸案の日本との国交回復の道を開いた。それまでには、松村謙三や岡崎嘉平太らによるL・T貿易の地味な交渉の積み重ねがあった。

毛沢東夫人江青ら「四人組」が依然として極左活動を続けるなかで、一九七六年一月八日、周恩来は癌のため北京で亡くなった。七十八歳であった。

周恩来の死亡に続き、毛沢東が死去。江青は逮捕されて死刑の判決を受け、後に自殺した。これまで批判され続けていた鄧小平が復活、やがてその鄧小平によって進められた改革開放政策の結果、今日の中国の近代化と経済発展がもたらされたことは周知のことである。

（注）私の中国江南地方の旅

平成八年十月四日～六日　上海・蘇州

平成十一年三月二十六日～三十日　上海・鎮江・揚州・南京

平成十二年四月二十一日～二十五日　上海・南昌・景徳鎮

平成十二年十月十三日～十六日　上海・杭州・紹興・寧波

〈主な参考文献〉

陳舜臣　中国の歴史　1〜9　平凡社
陳舜臣　中国の歴史　近・現代篇　集英社
井波律子編　中国史重要人物　新書館
貝塚茂樹　世界の歴史　古代文明の発見　中公文庫
礪波護・武田幸男　世界の歴史　隋唐帝国と古代朝鮮　中央公論社
石川忠久監修　漢詩紀行全5巻　NHK出版
エドガー・スノウ　中国の赤い星　筑摩書房
池田誠　中国現代政治史　法律文化社
孟慶遠主編　中国歴史文化事典　新潮社

（平成十三年）

日中友好のシンボル
～陶磁板レリーフが完成～

一

岡山県と友好提携している中国の江西省。

長江中流の南方に位置していて中国では中級の省であるが、面積は十六万七千平方キロメートルで岡山県の二十三・五倍、人口は四千万人で岡山県の二十倍である。その江西省には、特徴的な三つの大きな歴史文化遺産がある。

その一つは廬山《ろざん》。中国最大の淡水湖・鄱陽湖《はようこ》の北方にそびえる標高千三百メートルから千五百メートルの連峰で、その最高峰が大漢陽峰、景勝としては五老峰が有名だ。その雄大さ秀麗さが多くの詩人たちの心をとらえるなかで、盛唐の詩人李白は次のように謳った。

廬山の東南　五老峰
青天　削り出だす金芙蓉
九江の秀色　攬結《らんけつ》すべし
吾は将《まさ》に此の地に雲松《うんしょう》に巣《す》くわんとす

日は香炉を照らして紫煙を生ず
遥かに看《み》る　瀑布の長川《ちょうせん》を挂《か》くるるを
飛流直下　三千尺
疑《うたご》うらくは是れ銀河の九天《きゅうてん》より落つるかと

さらに廬山の麓に草堂を構えた白居易（白楽天）が連峰の一つ香炉峰を詠んだ次の詩は、平安時代の清少納言の『枕草子』にも引用されて有名だ。

遺愛寺の鐘は　枕を欹《そばだ》てて聴き
香炉峰の雪は　簾を撥《かか》げて看《み》る

廬山の麓の九江市には六朝時代の東晋の詩人陶淵明《とうえんめい》（陶潜）の墓がある。「帰去来辞」「飲酒」など田園生活を素材にした詩は、日本でも馴染みが深い。

廬山

このような廬山は、古くから仏教の聖地として名高く、近年は避暑地として開発が進んでいる。

江西省の歴史文化遺産、その二つは革命の聖地。

省都の南昌は一九二七年八月一日、中国共産党による南昌蜂起の地だ。これまでの国共合作を解消し一九二七年四月十二日に反共クーデターを起こした蒋介石の国民党に対して、周恩来らによって指導された共産軍は一斉に武装蜂起を行った。武装蜂起は、中国共産党としての初めての軍事行動であり、このとき紅軍（人民解放軍）が成立した。南昌市内には以前ホテルだった「八一南昌起義総指揮部旧址」があり「八一起義紀念館」として保存されている。現在八月一日は人民解放軍の成立記念日として祝日に指定されている。

この八一蜂起の後、毛沢東・朱徳らは江西省西境にある標高九百九十五メートルの「井岡山《せいこうざん》」に立てこもった。自然要塞のような小盆地が点在する山岳地帯のなかの茨坪鎮《しへいちん》には、約一万人を数える紅軍の司令部を置き、農民を主体とした共産勢力を築き上げた。そして一九三一年には、省の西南端の瑞金《ずいきん》を首都として「中華ソビエト共和国」を成立させた。瑞金政権は、一九三四年に、いわゆる「大長征」によって共産党の主力が西遷、さらに北遷して延安《えんあん》に新しい根拠地ができるまで革命勢力の一大根拠地となっていた。

これらの戦跡群は、中国共産党の歴史のうえでは極めて重要な位置を占めており、革命の聖地と呼ぶにふさわしい地域である。

二

さらに三つ目の歴史文化遺産は、陶磁器の景徳鎮。

この地域では古く漢代から陶磁器が生産されていたといわれ、唐代の末期から五代十国の時代には青磁や白磁の生産が盛んになった。北宋の景徳年間に軍隊の鎮守府が置かれたことから、地名を景徳鎮とした。浙江省龍泉窯《りゅうせん》の青磁に押されて一時さびれた時期もあったが、元代になると白磁に酸化コバルトを使った新しい染付技法が開発されて息を吹き返した。白磁の肌に瑞々しい青の彩絵を施した青花（染付）が完成したとき、景徳鎮窯は、後の明《みん》・清《しん》の時代における中国窯業のなかで確固たる地位を築いたといえる。

陶磁器の街景徳鎮

この青花の陶磁器は、その美しさが海外でももてはやされ、ヨーロッパ、アジア、日本など世界各地に輸出された。明代から清代にかけて景徳鎮の陶磁器は、最盛期を迎え「赤絵」などの技法も加えてさらに多彩華麗になった。

古来、景徳鎮の陶磁器は質が高く「白きこと玉の如く、薄きこと紙の如く、明るきこと鏡の如し」と評され、全世界の人々に愛されてその名が広く知られるようになった。景徳鎮市内の丘にある「景徳鎮陶磁館」には、このような過去の陶磁器の生産を物語る数々の名品が展示してあり、これまでの発展の歩みをたどることができる。

景徳鎮陶磁館

景徳鎮市内を流れる昌江を東北にたどっていくと、市街地から五十キロ離れた所に高嶺山がある。磁器生産に必要な良質の粘土「カオリン」の産地だ。十八世紀の初め（明の時代）にフランス人の神父がこの高嶺山の粘土を紹介して以来「カオリン」といえば「磁器の原料にする粘土」という意味で使われるようになった。昌江を隔てた街の西方には清時代の焼成窯を復元移設した施設があり、当時燃料に薪（赤松材）を使っていたことがわかる。やがて燃料に石炭が使われるようになると効率的な生産が可能となり、景徳鎮の窯業は今でも中国における重要な産業の一つとなっている。

さすがに景徳鎮は陶磁器の街だ。商店街や市場には、陶磁器を売る店が軒を連ね、大小様々な日用雑器の陶磁器で溢れている。

その景徳鎮市の景徳鎮駅に日中友好のシンボルともいえる「日中合作陶磁板レリーフ」が完成した。この陶磁板レリーフは、備前焼作家で岡山県重要無形文化財保持者の浦上善次氏と中国の工芸美術大師の張松茂《ちょうしょうも》氏が六年がかりで完成したものである。

浦上善次氏

張松茂氏

日中合作陶磁板レリーフ

三

これに先立ち、中国江西省と友好提携している岡山県の日中懇話会は、平成十二年三月、県議会議員の福田道雅氏を団長とする二十六人の訪中団を結成した。県日中懇話会は、昭和六十一年県民の募金で中国西安市に「吉備真備《きびのまきび》記念碑」が建立された際、その余剰金を活用するため設けられたもので、会長は吉備国際大学名誉学長の大藤真氏。これまでに様々な日中交流事業を進めてきたが、今回「日中合作陶磁板レリーフ」の完成式に出席するため訪中団の結成となった。

訪中団一行は平成十二年四月二十一日、岡山空港から上海空港経由で南昌空港をめざした。そして二十一日夜南昌に到着、翌二十二日南昌からは急行列車で五時間かけて景徳鎮に向かった。なだらかな丘陵地と赤土の田園が続く、ちょうど田植え時の農村地帯を走り抜け、二十二日の昼頃景徳鎮駅に到着した。訪中団は、その日の午後、ホテルで食事のあと中国のパトカーに先導されながら再び景徳鎮駅前に向かい、式典会場に臨んだ。

春四月の景徳鎮は汗ばむような暖かさである。

可愛らしい子どもたちの鼓笛隊のにぎやかな演奏で迎えられた団員一行は、景徳鎮駅前の

訪中団による記念式典

式典会場に整列、大勢の景徳鎮市民が見守るなかで、午後三時から式典が始まった。耳を裂くような激しい爆竹の音が響き渡ると、祝賀ムードが一気に盛り上がった。

式では景徳鎮市副市長の馬寧氏や訪中団長の福田道雅氏それに陶磁作家の張松茂氏が挨拶、続いて備前焼作家の浦上光弘氏が父の浦上善次氏の挨拶文を代読した。いずれも「このレリーフが日中友好の架け橋として末永く人々に愛され親しまれることを願っている」と述べ、日中友好を強調した。次いでテープカットが行われたあと、出席者全員が南待合室に入ってその正面の壁に飾られている「日中合作陶磁板レリーフ」と対面した。

この「日中合作陶磁板レリーフ」は、縦四・八メートル、横十五メートルの大きなもので、廬山の名峰五老峰を背景に、麓の草原を五頭の馬が駆ける雄大なイメージの作品である。廬山を描いた背景の陶磁板は張松茂氏が担当、五頭の馬は浦上善次氏が備前焼で制作、五回の窯に分けて焼き上げたといわれる。

張松茂氏は、日本の人間国宝に相当する「中国工芸美術大師」で、中国美術家協会会員・

中国陶芸美術学会理事・景徳鎮市文学芸術連合会芸術顧問などの要職にある。現代の中国ではトップクラスの陶磁器作家で、安徽省黄山市と江西省景徳鎮市の二ケ所を拠点にして活動している。夫人の徐亜鳳女史も美術家として知られている。

浦上善次氏は大正三年（一九一四年）備前市伊部に生まれ、陶芸を西村春湖に師事、さらに上京して芸術院会員の内藤伸と北村西望にそれぞれ師事した。一九七〇年フランスのル・サロン展でブロンズ賞、続いて一九七一年銀賞、一九七三年金賞をそれぞれ受賞した。昭和四十八年（一九七三年）岡山県指定重要無形文化財保持者に指定された。備前焼の伝統技術を永年にわたって継承するとともに、置物など彫塑の立体作品に独自の技術と境地を開拓し、備前焼に新風を吹き込んだといわれている。

このレリーフの共同制作は、浦上善次氏が平成六年岡山県の訪中団の一員として中国を訪れたときに話がまとまり、翌年には張松茂氏が来日して図柄や色彩などを決定し、以来双方で制作を続けてきた。そして平成十年五月に出来上がった五頭の馬のレリーフは、翌十一年一月に景徳鎮市に発送され、平成十二年二月までに取り付け工事をすべて終わって、ようやく完成式に漕ぎ着けたのである。

四

今回の訪中では、上海で「魯迅《ろじん》紀念館」を見学する機会を得た。

魯迅は一八八二年（明治十五年）浙江省紹興に生まれ、一九〇二年日本へ留学、東京の弘文学院に入学した後、さらに仙台の医学専門学校に入学した。そこで上映された幻灯に同胞の悲惨な姿が映し出され、魯迅は中国民族の深い屈辱感を味わった。帰国後は、師範学堂の教員・教務長・校長を務めながら創作活動を続け、一九一八年には北京で『狂人日記』を発表した。一九一九年の「五・四運動」の頃から『阿Q正伝』を連載、「左翼作家連盟」のリーダーとして活発な評論活動を展開した。その後、夫人の許広平とともに広州に入るが、その直後、蒋介石による四・一二クーデターが起こり、広州で多数の労働者や学生が犠牲になった。そこで魯迅は夫人を伴って上海に入ったが、ここも厳

上海

しい事情は同様だった。上海では弾圧のなか身の危険を感じて度々転居を繰り返した。旧日本人租界にあった内山書店の内山完造氏にかくまわれ、一九三二年家族とともに内山書店に避難した。魯迅は列強によって植民地にされた中国の現実を憂え、中国民族の自立と独立を訴え続けた近代中国の偉大な作家である。

紀念館は最近改装されたばかりで、館内には暗い時代を生きた魯迅の生活や活躍の場面がジオラマや写真で再現されていて興味をひいた。このなかには「内山書店」のコーナーも設けられ、最近制作された内山完造氏の胸像が置かれていた。

内山完造氏は、明治十八年（一八八五年）井原市芳井町生まれ、若くして中国に渡り、大正六年（一九一七年）上海に内山書店を開業した。書籍

魯迅紀念館内展示

館内に再現された内山書店

内山完造胸像

を求めてやってくる作家の魯迅、文学者で歴史家の郭沫若、劇作家の田漢らと交流、とくに魯迅との親交は一九二七年から魯迅が亡くなる一九三六年まで続いた。内山氏は戦後日中友好協会理事長として活躍、日本と中国との文化経済の交流に尽力した。

　こうして「魯迅紀念館」を見ているうちに、日中交流に努めた岡山県出身の人物のことが改めて思い出された。

　遣唐留学生としてまた後に遣唐副使として二度も中国に渡り、唐の進んだ文化を日本にもたらし最後は右大臣にまで昇った吉備真備《きびのまきび》。中国から喫茶法を日本にもたらし『喫茶養生記』を著すとともに、宋の臨済禅を学び日本の臨済宗の開祖となった栄西《えいさい》禅師。遣明《みん》船に乗り込み中国に渡って水墨画を学び、北京では明政庁の礼部院中堂に壁画を描くなどの活躍をした画聖雪舟。そんな人物が思い出されて、岡山県の長い日中交流史に思いを馳せた。

　近代の人物では、一九一一年（明治四十四年）の辛亥《しんがい》革命前後に宮崎滔天《とうてん》らとともに中国革命の父・孫文を支援した犬養毅（木堂）氏。岡山の旧制六高に学び新中国成立とともに中国科学院長、中日友好協会名誉会長を務めた郭沫若氏の名が浮かぶ。

岡山県の日中交流史上の人物としては、戦後の日中総合貿易交渉に当たった岡崎嘉平太氏の名を忘れることはできない。岡山県吉備中央町出身の岡崎氏は一九六三年（昭和三十八年）以来度々訪中、日本側の代表として中国側の周恩来首相との会談を通じ国交回復前の困難な交渉をまとめあげた。一九八六年（昭和六十一年）に「吉備真備記念碑」を西安市に建立する際は、中日友好協会の当時の王震《おうしん》名誉会長との会談によって記念碑の実現に尽力したうえ、記念碑の題字を揮毫するなど大きな役割を果たした。

岡山県の日中交流の歴史は遠く奈良時代から始まり、以来現在に至るまで千三百年の長きに及んでいるのだが、ここにまた新たに日中友好のシンボル「日中合作陶磁板レリーフ」が加わった意義を改めて考えてみたいものである。

（高梁川　平成十二年）

あとがき

私の住む吉備郡真備町は、この本が出版された年の平成十七年八月一日から倉敷市真備町として生きていく道を選択した。

これまで真備町が築いてきた教育や福祉のレベルを低下させないことに加え、様々な歴史と文化に対する取り組みを今後とも継続し、さらにこれを積極的に育成発展させて行って欲しいと切に願っている。

このような時にこの本が出版されたことは、まことに感慨深い。この本がこれからの岡山県の地域づくりのために少しでもお役に立つことができれば幸いである。

なお、この本の出版に当たっては、高梁川流域連盟の機関誌「高梁川」の紙面を毎回のように提供してくださった編集責任者の大森啓作氏、一冊の本にまとめて出版していただいた吉備人出版の山川隆之氏の、両氏のご協力によるところが大きい。心からお礼を申し上げたい。

平成十七年九月

著者

著者プロフィル

高見　茂（たかみ・しげる）
1931年岡山県真備町（現在の倉敷市真備町）生まれ。明治大学卒。
ＮＨＫ放送記者として報道の仕事にあたり、岡山放送局副局長、鳥取放送局長を歴任。定年退職後、鳥取県の因幡万葉歴史館館長、真備町文化交流施設マービーふれあいセンター館長を務める。
著書に『吉備王国残照』（東京経済）『吉備真備～天平の光と影』（山陽新聞社）『吉備ゆかりの万葉を歩く』（吉備人出版）『岡山人じゃが』（共著・同）など。

吉備の国から―歴史探索の旅

二〇〇五年十月二十日　初版発行

著　者　高見　茂
発行者　吉備人出版
〒700-0823　岡山市丸の内二丁目一一―二二
電話〇八六―二三五―三四五六
ファクス〇八六―二三四―三二一〇
ホームページhttp://www.kibito.co.jp
Eメールbooks@kibito.co.jp

印刷所　株式会社三門印刷所
岡山市高屋一一六―七

製本所　有限会社明昭製本

ISBN4-86069-107-5　C0095